中研院近代史研究所口述历史系列

吴修齐先生口述历史

访问 谢国兴

纪录 蔡淑瑄 陈南之

九州出版社 JIUZHOUPRESS | 全国百佳图书出版单位

图书在版编目（CIP）数据

吴修齐先生口述历史 / 谢国兴访问；蔡淑瑄，陈南之纪录. --北京：九州出版社，2012.10
（中研院近代史研究所口述历史系列）
ISBN 978-7-5108-1571-3

Ⅰ. ①吴… Ⅱ. ①谢… ②蔡… ③陈… Ⅲ. ①吴修齐（1913～2005）—生平事迹 Ⅳ. ①K825.38

中国版本图书馆CIP数据核字(2012)第245890号

吴修齐先生口述历史

作　　者	谢国兴 访问　蔡淑瑄　陈南之 纪录
出版发行	九州出版社
出 版 人	徐尚定
地　　址	北京市西城区阜外大街甲 35 号 (100037)
发行电话	(010)68992190/2/3/5/6
网　　址	www.jiuzhoupress.com
电子信箱	jiuzhou@jiuzhoupress.com
印　　刷	三河市东方印刷有限公司
开　　本	680 毫米 ×970 毫米　16 开
印　　张	16.75
字　　数	161 千字
版　　次	2013 年 1 月第 1 版
印　　次	2013 年 1 月第 1 次印刷
书　　号	ISBN 978-7-5108-1571-3
定　　价	38.00 元

出版说明

台湾中研院近代史所，从建所至今，几十年来共采写和出版了二百余种“口述历史”。近代史所的学者制定了严格的口述史操作规范，并进行采访和撰写，使类似史料层面的“回忆录”和“纪实”，上升为可供专业人员研究的“口述历史”。他们的访问对象涉及当代军事、政治、经济、文化等各方面的重要人士，请其自述生平，为现代史研究留下了一系列珍贵的口述记录。

九州出版社“中研院近代史研究所口述历史系列”，是上述二百余种“口述历史”的精选集，也是海峡两岸出版交流中心的重点引进出版项目。本系列以简体字出版，对原书注文体例和文字错误进行了必要的订正。原版本的丛书弁言和前言，介绍了该丛书的缘起、价值和意义等情况，简体版将其主要内容附于书前。

该书访谈对象的某些政治立场、观点和看法，我们并不认同，但为了保留史料，便于参考研究，在编辑过程中，我们对文中对我党我军的诬蔑性语句和称谓进行了中性处理，内容仍保留原貌；个别之处，有所节略；对于文中一九四九年十月一日以后使用的“民国”纪年，改为公元纪年；对于文中一九四九年十月一日以后的台湾当局相关机构、职务等，加以引号。本系列图书供近现代史专业读者参考使用，望读者在阅读时注意辨析书中的一些内容。

九州出版社

2013 年 1 月

弁 言

口述历史访问计划，中研院近代史研究所在筹备时期，即由筹备主任（嗣任首任所长）郭廷以拟订进行，其目的在访问当代军事、政治、外交、文教、经济、社会等各方面的重要人物，请其自述生平，为现代史保留忠实而深入的纪录，以备历史学者之研究。自一九五九年十月起迄一九七二年九月止，参加访问工作者先后有沈云龙、王聿均等二十二人，接受访问者七十余人，成稿六十六份，约四百八十万言。

口述历史资料，其重要性不亚于文献档案。民国以还，内乱外患交迭相乘，史料损失，不可胜计。对历史真相的了解，需要参证当事人口述之处甚多，这些笔录，对中国现代史的研究将有莫大的帮助。本所于一九八二年开始征得应访者（或其家属）同意，陆续刊印访问纪录，列为口述历史丛书。一九八四年春在所长吕实强推动下，成立口述历史组，恢复访问工作。

本所访问人员力求应访者尽情畅谈，所成笔录文稿保留口述原意，不予刻意修饰。初稿送应访者校订后视为定稿。惟应访者记忆难免有所疏误，或有涉及价值判断、个人恩怨、政治立场，而纪录或有语意不清，印刷或有手民误植，尚祈读者赐函指正。

中研院近代史研究所（口述历史组） 谨识

一九九三年十二月

目　录

吴修齐先生，摄于1949年10月18日，时年三十六。

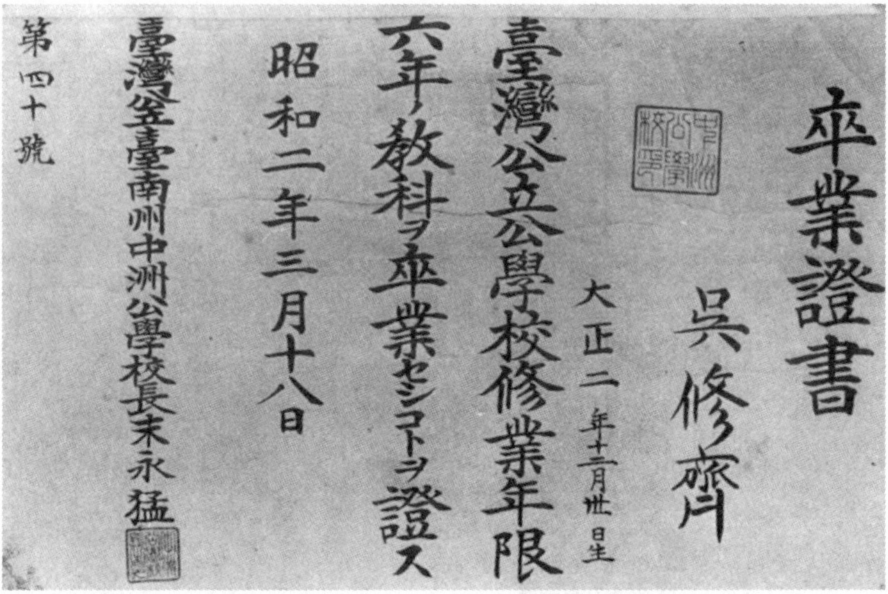
卒業證書

吳修齊

大正二年十二月廿日生

臺灣公立公學校修業年限

六年ノ教科ヲ卒業セシコトヲ證ス

昭和二年三月十八日

臺灣公立臺南州中洲公學校長末永猛

第四十號

小学毕业证书，时在1927年。

新复兴织布厂正门及主楼（係一日式建筑）。侯雨利先生所营“新复兴行”，是吴修齐先生进入商场历练的嚆矢。

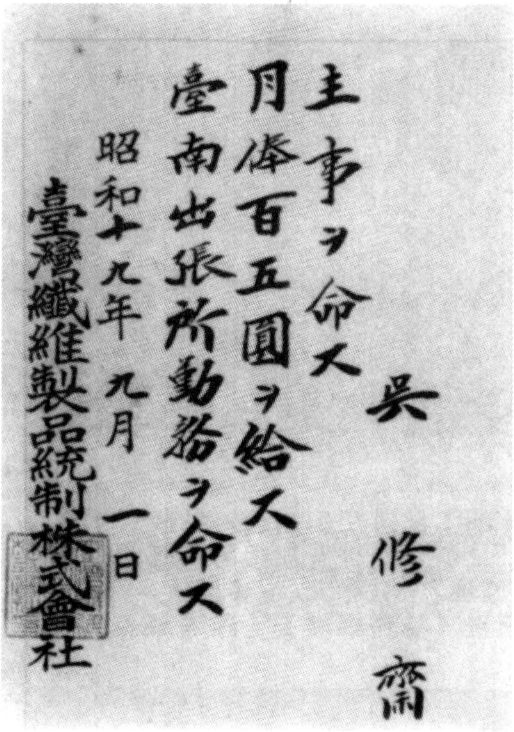

吳修齋

主事ヲ命ス

月俸百五圓ヲ給ス

臺南出張所勤務ヲ命ス

昭和十九年九月一日

臺灣纖維製品統制株式會社

中日战争期间，为避战祸，充任“公务员”。左为台湾纤维制品统制株式会社台南出张所“主事”之委任状。

南纺成立初期三巨头：右起侯雨利（常务董事）、吴三连（董事长）、吴修齐（总经理）。

台南纺织公司主要干部：前排左起第一人吴修齐（总经理），第五人吴三连（董事长），后排左起高清愿（业务经理）、吴进兴（财务经理）、吴尊贤（常务董事）、侯永都（副总经理）、郭超星（总务经理）、陈国振（工务经理）。

台南纺织公司董监事会开会情形（1974 年前后）。主席台上左起吴修齐、吴三连、侯雨利、吴尊贤。

1978 年 1 月 21 日，蒋经国“总统”莅临南纺，由副董事长吴修齐（左四）、总经理郑高辉（右二）陪同参观。

1981 年 11 月 21 日荣获“中华民国第一届企业家奖章”，由“司法院长”黄少谷先生颁奖。

1980年6月，在台南中山公园西侧捐建“自强亭”，邀台南市长苏南成先生同主持破土奠基典礼。

1982年10月，捐建“早觉亭”于台南中山公园东侧。

1983 年 6 月 28 日，参观怡华实业公司自动化纺织设备，左一为怡华董事长翁川配。

1987 年 7 月 27 日，与另十一位民间人士共同获蒋经国“总统”召见，垂询乡情。

1987 年 11 月，太子建设台南分公司“太子天地”工地动土典礼。前行者右起吴修齐、林文雄（台南市长）、庄南田（总经理）、谢富贵（台南市政府工务局长）。

1989 年冬，莅临太子建设高雄分公司“太子状元名邸”工地。左起太子建设公司会计部经理陈仁钦、吴董事长夫人曾昭美女士、总经理庄南田、吴修齐、副总经理庄义广。

1992 年 1 月 7 日，万通商业银行台南分行开幕，左起名誉董事长吴修齐、常务理事郑高辉、副董事长高清愿。

统一企业三巨头：左起总经理林苍生、董事长吴修齐、副董事长高清愿。（1992 年 5 月摄。）

1989 年，捐资兴修念慈亭与念慈桥（位于台南市中山公园内）。

1991 年 12 月，“吴修齐纪念双亲文教公益基金会”举办第一届“全国大孝奖”，颁奖典礼中以基金会创办人身份与得奖者合影。

1992年4月19日，设宴庆祝李国鼎先生荣获英国剑桥大学以马内利学院荣誉院士，并代表赠送李国鼎先生“功在国家、誉满中外”银盾。左起清华大学校长刘兆玄、吴修齐、李国鼎、李国鼎夫人、吴尊贤。

1992年10月25日，主持新头港吴氏宗祠秋祭典礼，中立者左为吴尊贤先生，右为吴修齐先生。

一、台湾帮

台湾光复后经济发展突飞猛进，平心而论，成就如王永庆先生、辜振甫先生者，有了不起的事业发展，才足以称得上大企业家。来自大陆的山东帮、上海帮、永春帮等等，亦各有千秋。或言台南帮的特色在白手起家、保守经营而稳定成长。在我的想法中，台南帮的三角：台南纺织、环球水泥与统一企业只能算小事业，殊无特别成就。

台南帮的定义并不明确，台南人经营事业有成者比比皆是，像奇美实业的许文龙先生，北门地区将军乡的东帝士企业之陈清晓、陈由豪父子，北门乡出身的高雄百货业大王吴耀庭等，在工商界均独当一面，非常成功，然似乎不包括在台南帮内。何者是台南帮，何者不是呢？界线何在？约略言之，台南帮是日据时代开始，大抵以衍生自侯家系统的布商为主体，包括侯基先生的新复发行、侯雨利先生的新复兴行、侯调先生的新复成行、侯排先生的新复茂行与我们的新和兴行。以此为源头，出自旗下从事工商业者，称之为台南帮。我二十二岁出来经营新和兴布行，后因战争结束营业，光复后新和兴在台南复业，继而分设台北、上海三兴行。现今台南纺织、环球水泥、统一企业、万通银行为大家熟知的关系企业，此外尚有大大小小规模不一的公司，共同的特色是经营理念比较稳慎、保守。

新光企业的吴火狮先生是吴姓堂亲，他是新竹人，比我年轻，与三弟俊杰同年。犹记得我刚创立新和兴布行，至台北造访日本平野织物会社，他尚是个小职员，端茶出来招待客人。

吴火狮先生的想法便与我们台南帮有所不同。尊贤弟曾问他："火狮兄,您为何要将事业的范围经营得那么广、那么大呢？"

他说："尊贤兄，我的想法与你们不同，我不管成败、结果如何，我要看我活着的时候能做到如何的地步，要他日后人提起吴火狮，知道伊曾做过些什么，做过这一项，也做过那一项。"

我的想法恰巧相反，只许成功、不许失败，首先要立于不败之地，一步一步来，少赚一些没关系，不要亏损。东帝士企业的陈由豪先生与吴火狮兄的想法类似，他很"拼"，看能够"拼"到哪里就到哪里，其父陈清晓却很保守，时常会讲他一两句。清晓兄大我一岁，我们是至交老友，台北丽晶酒店落成，其邀我参加开幕典礼，记者围拢过来问："大家在说东帝士这款又那款（谣传财务危机），你也是台南人，是否清楚呢？"

"绝对没问题，绝对安全！"

"你根据什么来讲呢？"

"他父亲是我六十余年的老朋友了，他的作风十分保守。"东帝士最早也是从事纺织业，虽然除了南纺的布织好部份交给他们东丰印染厂漂染之外，彼此并无事业上的投资，然而我们是从十几、二十岁认识，便一路一起走过来的朋友。大家同是北门的同乡，年轻时相交，现在我们下午还一起在成功大学散步。一九九〇年九月喧腾一时的东帝士财务危机，其实没任何问题，只是其父经营较保守而已。

我一生平平凡凡，本无意写回忆录，然不少亲戚朋友频频游说，尤其赖医师再兴兄及高清愿君殷勤鼓吹，抵不过，终于在他们的催促之下提笔。每天清晨三四点时，凭记忆追想，记得多少写多少，于他人有妨碍的略去不写。希望留一点东西给予后代子孙作纪念，这是我那本《七十回忆》写作的由来。最近鉴于孙辈多数居住美国，不识中文，因此目前正请专人将《七十回忆》翻译成英文，让子孙将来多少知道一点祖先奋斗的历史。

二弟尊贤自年轻时便想写自传，所以留纪录又做笔记。我因未曾动念写自传，故没有笔记，除了父亲为我存留的小学奖状、现在“行政院”顾问的聘书外，没有留其他的文书资料与纪录，也未曾写日记，唯凭记忆。感谢祖先，他们虽未留下家产，然遗传给我一般人难得有的好记性，四十岁以前，甚至二三岁稚龄的事，我都还记得。像我二十几岁去日本买布，一进到商社里，几百种花色的布，一码多少钱，现货多少钱，若染不同花色多少钱，价格特别便宜的当场马上买，免得别人捷足先登买走了，普通的则各家比较后再做决定。每天去好几家，看多少种布都记得一清二楚，而且去年的价钱如何都还记得，可与今年的比较。而日本商社专管的职员，还须翻对账簿，才能找得出价钱呢！

二十多年前，尊贤问我：“吕蒙正《破窑赋》你有没有记下来?

我说:“有啊?”

他说:“抄给我,我以前抄下来了,却找不到。”

我说:“你就是因为记在纸上才会不见,记在脑袋里不就好了!”

几年前,我至台北,他说:“吕蒙正《破窑赋》又搞丢了,你再写给我。”

我说:“我不写了,你的字还满漂亮的,我来念,你马上写。”

《破窑赋》是一篇寓意深远的警世文章,文字浅显易解,我百读不厌,待收录于此。

附:吕蒙正破窑赋

蜈蚣百足行不及蛇,雌鸡两翼飞不及雉。马有千里之能非人不能自往,人有冲天之志非运不能自通。盖闻人生在世富贵不能淫,贫贱不能移。文章盖世孔子厄于陈邦,武略超群大公钓鱼渭水。颜回短命非是凶恶之徒,盗贼长年岂乃善良之辈。瞽叟愚顽反生大孝之子,尧王圣帝转产不肖之儿。李广有射虎之威到老无封,冯唐有安邦之志一生不遇。韩信未遇时无一日之餐,及至运通腰悬三齐王印。叱楚霸英雄败于乌江自刎。百万之雄兵一旦时衰丧于阴人之手。诸葛亮力无缚鸡之徒而作汉朝军师。才疏学浅少年及第登科，满腹文章全然白首不中。面带愁容，腹怀英才之量。风流之女时来配作夫人，深院娇娥运退反为娼妓。蛟龙未遇时浸身于鱼鳖之中，君子失时穷困于小人之下。初贫君子天然骨格成性，诈富小人不脱贫寒之体。天不得时日月无光，地不得时万物不生，水不得时风波不作，人不得时运限不通。昔我居洛阳，朝求僧餐，暮宿破窑，思衣而不蔽其体，思食而不济其饥，人道我贱非我之贱也。今居朝堂极品，位列三台，躬身于一人之下，列职于万人之上，思食而有珍馐百味，思衣而有锦绣千箱，人道我贵非我之贵也。此乃时也，运也，命也，天道循环周而复始者也。

二、耕读之家

泉州裔民

从前乡间的风俗，迎娶新娘在半夜须“拜天公”。拜天公时自称蚁民某某人，祖籍何处，一如拜神时自称弟子某某人原籍那里。我读国小时，九叔父吴章兴结婚，拜天公时原应由先父克读公主祀，但父亲身体羸弱，不大敢半夜劳累，于是由他写好“疏文”，我朗朗地念道：“蚁民吴克读祖籍福建省泉州府晋江县南门外廿三都水头乡，……。”后来又有几次祈神祝祷，泉州祖籍因此铭记在心。

吴仁甫是吾宗族之第一代开基祖，依族谱有二子均举、均德。均举至蚶江发展，均德来水头。我们是均德的子孙。照祖母的说法，康熙末年，也就是大约二百多年前，第十四代祖光览来台，我们是他来台后娶妻所生的后代，光览祖后逝于大陆，因那儿尚有妻子儿女。烟火相传，光览来台湾传至我已有八代，自仁甫而下则为第二十一代。在台湾一系我的孙子是第二十三代，在大陆的已传至二十六代了。我一九九〇年秋天去大陆，第一次成为叔公祖，还有年事已高者称我叔父呢！

那次大陆之行主要目的是至福建认祖寻根与观光。透过旅行社事先联络，不愿让大陆官方知道我要去，以免他们知道了要安排参观工厂鼓励投资。有人说我不了解大陆的政治，若告诉他们要认祖寻家族，保证泉州市政府会妥当安排找出来的。我知道与官方接触可有许多线索，不过多一事不如少一事，绝不曝光。那次我只到达水头镇，当地穷得一无发展，不过镇公所比台南市政府还大。建筑物的第一、二层是办公厅，三、四、五楼是单身宿舍，两边厢房是有家眷者的宿舍，如此一来交通便利，很理想。因至镇上已是中午，由镇公所开车尚需两个钟头才能抵达水头乡，请当地官员吃饭、去乡下再回来，恐怕时间太晚，到了乡下，耕田的村夫一时之间也不能告诉我什么资料。来日方长，打算联络好了再下乡。水头乡曾有一吴姓宗亲的太太（蔡女士）写信来，但不清楚她的身分，说到家族在公公那一代至菲律宾发展，土地为王姓人士侵占，先生回来后才再买回来的。祖厝现今有人住，但子孙星散于美国、菲律宾。

此行与水头镇的吴姓宗亲兄弟联络上，其中有一人任职于厦门市公安局。但我们是不同家族，因族谱不同。我们这份族谱大概是大陆那儿的人抄了拿来给我祖先，或者祖父辈这边有人去大陆抄在账簿上带回来的。我幼年时在旧账簿上看过，约略知道。账簿为略黄的皮面，有一条条红色的格子，纸是双面薄薄的，旁边写着“继维文章　家邦吉昌　永锡祚允　祖德绵长　垂万世以重光”，是为家族排行。依序光览祖十四世继字辈起，我为昌字辈。可惜账簿在水灾中流失了，幸好我幼时曾见过，凭记忆得知谱系，否则无从查起。像很多吴姓宗亲说只知道是“唐山”来的，根本不知祖籍何处。

记得年少看过的族谱中，有“毅齐公”者（十世祖），先父为我取名“修齐”之后，为了避与先祖同名之讳，从小就以“修身”偏名呼我，所以一般从小就认识的亲戚朋友，私下也都跟着叫我“修身仔”。

头港仔故乡

先祖来台，住在学甲镇旧头港仔（又称中湖），当地土地贫瘠，是既偏僻又荒凉的盐分地带。后迁至居住条件又略逊一筹的新头港一名东埔）。相传迁居除了逃避八九十年前的一场疠疫外，还有耐人寻味的故事。先父克读公曾说：“有一位来自泉州的地理师指出，旧头港仔东约一公里之处，蕴自然钟灵秀气，乃‘乌鸦落洋’的穴地，迁居该地者后代必将兴旺。住最前排者最先发达，循序二排、三排继之，第四排虽最迟，一旦发迹则飞黄腾达，然须积阴德配合之。”他所指的地方就是新头港。

光览以下，吴氏较杰出者，近的推长一辈的吴三连叔，远者有在艋舺的长辈、平辈，他们是在清代由头港北迁的。吴三连先生为父执辈，我们称其父为徙叔公，三连叔行三，父亲与大哥均系木工。三连叔是长大后才念书的，国语部毕业后得到林熊征奖学金，但父亲及二哥因生活困难，反对他继续念书。大哥“憨汉”主张有机会便应去念，结果是听从头港一位我们称“均伯”的。他跟憨汉说：“咱们草地人，有机会更该给他去读书，既然有林本源家族提供的奖学金，我们只要负责他的生活费，就你出一半，我出一半。”均伯姓吴，流浪至善化租地为佃农，勤俭力作，并在当时湾里街糖厂当业务员贴补家计。不忘热心助人，非常可取。

低一辈的吴永富曾任艋舺区长一类之职务，与祖父时有来往。还有一位年岁与祖父相当，但与我同辈的吴昌才，开了一家“源昌行”，他叔叔开有“源吉行”，经营的事业很庞大成功。

马关条约割让台澎，地方头目不愿受日本统治，传说日本派桦山资纪假扮和尚来台劝说，自基隆、台北直下。桦山与吴昌才相识，直言是清朝败于日本割让台湾，日本将领兵来台。桦山在台的费用均是吴昌才支援的，可惜吴昌才早逝，否则会有所作为，也正因为如此才有辜显荣的为日人带路。从前乡下无报纸不知世事变化，往来交通亦不便，多用书信。父亲说吴昌才曾写信给昆仑公，说日胜清廷，来台是要统治并不是杀戮。只要举写“善良民归顺”之白旗，便可平安无事。然而不事异族的义军纷起，地方“角头”以日人来便不得生存，故在急水溪那儿抵抗，沤汪人林昆冈从后头抄来，在竹篙山死了不少人。祖父昆仑公以智慧用心思考，认为日军要去台南府城，途经佳里，村民可能会被追杀，故通知家族避走；将要紧物品放在竹筏，驶出海口，在沿海过了二夜，等日军过后才回家。一回去，旧头港仔之庙宇、房屋，因竹篙山之役日军迁怒而焚烧殆尽，我们便搭草寮住。搬到新头港后，向一位北港人买他的房子，拆下材料回头港建屋，那是以福杉为梁很好的房子。

讲起来我们在村庄里头是小地主，算是不错的。小时候，大多数人住茅草屋时，我们家已住有檐瓦屋了，还养了好几头牛，也有牛车。当别人番薯签干不够吃时，阮没听说缺少的。但只是如国父讲的“大贫与小贫”之别而已。像我家隔壁的金凤嫂，丈夫早逝，二十九岁很年轻就守寡了，有二女二子，帮佣什么的艰苦过日子。有一阵子，嘉南大圳开筑，她先生遗留的二三分地因此被征收作供水沟渠用，她哭了好几夜。不多久，她儿子登寿曾去我九叔（吴章兴）盐水港的马车店学艺，成为师傅后不幸得肺炎逝世，她哭得更惨。她若感冒，没钱买药，我记得她都是来向我祖母说：“我感冒了，让我采一些你们头前园的甘薯叶来煮以吸汗。”我祖母说：“那你也拿一筒米去，只拿甘薯叶吃，其性冷又太没营养。”我们穷，人家比我们更穷。

昆仑公耕读传家，我六岁时他才逝世的，所以我有深刻的印象，据说他才念过七日私塾便能教书。记得在无忧无虑的童年，他教我念：“上大人，孔乙己，化三千，七十士，尔小生，八九子，佳作人，可知礼也。位正上中下，才分天地人，五行生父子，八卦定君臣。”他教我背三字经，还教我学写字。有一次他用竹枝写字，我说我不认得，他说：“你那么认真，怎么会不识得呢？写的字就是“上大人”的“上”啊！我说：“你写的这一横太长，那一竖太短，不合标准，所以我不认得。”其实只是与书上字体长短不同而已。亏得字是他教我认写的，我竟跟他“论剑”起来，也太有趣了。

祖父昆仑公豪爽风趣，一生敦亲睦邻，热心公益，担任旧头港“镇南宫”的管理委员会委员长,算是地方上的“老大头”，善于排难解纷。学甲人刘胜与佳里人吴赞原是义结金兰的好兄弟，合伙做生意十余年，因故绝交形同水火，虽经地方大老排解未果。最后请祖父前往协调，二人互诉曲直竟日以继夜，末了夙具威望的祖父只轻描淡写地说：“双方各有理长气短，希望相互道歉了事！”二人在祖父“闲话一句”的斡旋下，果然和好如初，祖父消弭事端于无形，留下一个脍炙人口的故事。

耕读传家

昆仑公有兄弟三人，自己原生有一个儿子，取名深潭，六岁夭折。后来从一位堂亲处收养一子吴克明，我们称他二伯父，稍后昆仑公的弟弟吴泉公将他的第二个儿子吴克读，也就是家父，过继给昆仑公，因此昆仑公有两个收养的儿子。先父克读公生了四个儿子，我是老大，二弟尊贤，三弟俊杰，四弟俊升。叔祖吴泉公的大儿子克章公生了七个女儿，没有儿子，因此先父克读公将二儿子尊贤过继给克章公为子嗣。由于三代之间有这种过继关系，因此昆仑公与吴泉公的子孙彼此之间关系密切，往来也多。

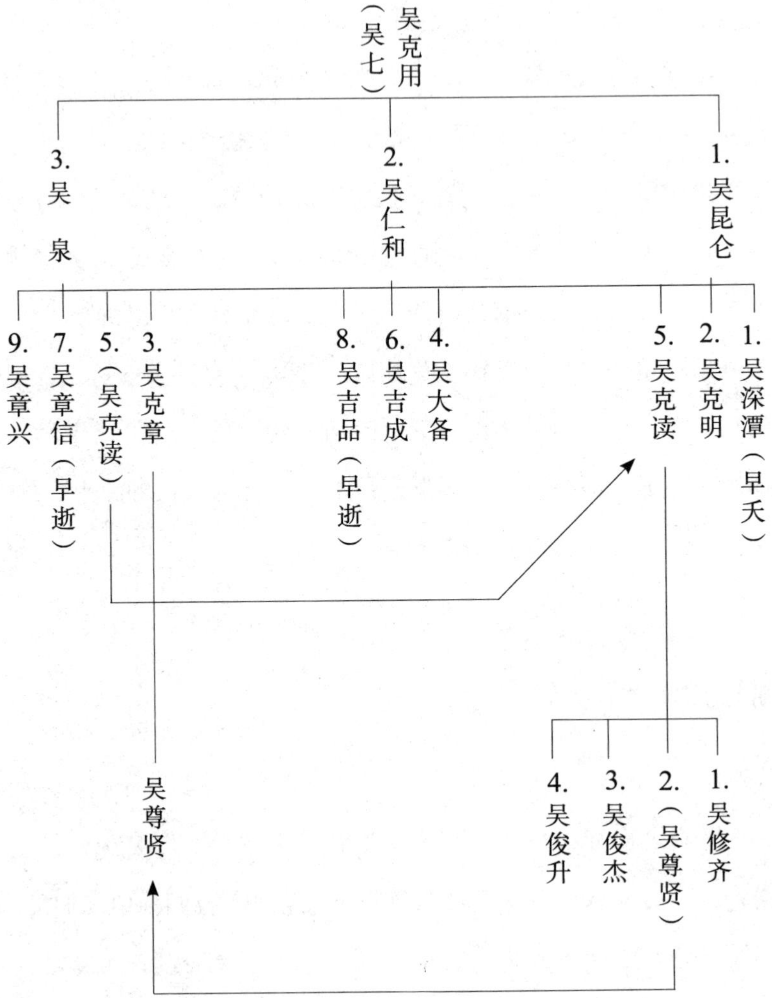

（阿拉伯数字为家族排行）

先父克读公秉性聪颖，幼年时曾入私塾习汉文，后来就读北门公学校（四年制），年年名列前茅。（访者按：据吴尊贤先生回忆，吴克读系因成绩优异，跳级就读，故提早在四年期间即完成六年制的公学校课业，吴三连先生就读学甲公学校也是类似情况。）公学校毕业后，父亲仍不时找机会自修，因此日文、汉文学养俱佳，在家乡父亲是著名的读书人，满腹经纶，书卷气很重。我在十六岁刚到台南布店习艺的一年多期间，常利用晚上闲暇跟随父亲读汉文，例如指南尺牍、千字文、千家诗、幼学琼林等。事实上父亲在我六七岁时就教我念一些中国诗文，如：

三更灯火五更鸡　正是男儿立志时

黑发不知勤学早　白头方悔读书迟

天子重英豪　文章教尔曹

万般皆下品　唯有读书高

父亲可以说是我主要的汉文老师，当时新头港仔地处滨海，土含盐质，居民生活困苦，父亲虽受教育，在乡里算是个知识分子，但一样务农兼渔捞，以维持生计，因此自号“东湖渔人”。

章信叔在父亲兄弟辈中尤其杰出，与他同窗的一位医生提起章信叔，连说实在敬畏有加，平常也没看他念什么书，但功课就是比别人好，读书、写字、绘画样样拿第一。章信叔从台北国语学校师范部毕业后，回家乡的学甲公学校担任教职，这个学校是学甲附近最大的学校，校中有不少日本老师。在学校里，除校长（日本人）之外，就数他地位最高。他一心想去日本深造，平常并不把这位校长看在眼里，章信叔后来生病卧床，校长在大雨滂沱中来看他，他却拒绝接见。那位日本人校长也真可怜，雨水漫淹过乡下堆肥用的土洼仔，上面只见青草，他一脚踩了进去，整个人掉进坑里，沾得满身粪便猪屎，还见不到章信叔。

章信叔的资质与才干在家乡是有名的，他也不愿在公学校当一名副校长，因此一再要求赴日留学，但父母（吴泉公）却极力反对。当时乡下人多半保守，认为他在公学校待遇很好，也很受尊重，何必冒险远渡重洋，若不幸沦为波臣，实不值得。为了留住他，父母特地为他娶亲，说媒于学甲人刘什（杂）的孙女刘瑞。刘氏在地方上颇有产业，富甲一方，是前台南县长刘博文的曾祖父。章信叔结婚时我大约五六岁，曾充当花童提灯。他心里并不接受这桩婚事，实系父母硬逼，没有办法。婚后不久，章信叔因抑郁不得志，脑神经衰弱发病而去世，认识他的人莫不同声悼惜。我曾经想，依章信叔的个性与才情，即使当年未因病去世，大概到“二二八”事件时也逃不过浩劫。

阿公昆仑公三兄弟分产，各房差不多均分得四五甲，我阿公东埔的地做鱼塭，没有耕作；在“草湖底”约二甲余，“头前园”约一甲多、二甲。阿公两个儿子克明、克读，析产分得的地就少了。记忆中，至我国小毕业，土地没什么变动，一方面是卖嘛舍不得，另方面是买嘛没有钱。那时候，二伯克明身体违和，常生病吃鸦片，我父亲亦常常生病，花医药费，入不敷出，但仍舍不得卖，卖地名声不好，而且也卖不了多少钱，一甲才几百元而已。就算要卖地也无对象，因为大家都穷。我还记得在我小学毕业时，家中有一千元负债，其中五百元向信用组合借贷，另五百元向亲戚借来。

克明伯父在我尚未出来做事时已过世，子女由父亲抚育。民国二十三年，新和兴开业，我们父子及四位堂兄弟出资一千五百元。其中一千元系以头港仔土地盐分改良的名义，向日本劝业银行台南支店（今土地银行台南分行）抵押贷款借来，另五百元是我工作后参加民间互助会的积蓄。

一九三一年春节回家，我请示父亲："我出来做事的这几年，家中是否有积蓄呢？"父亲说："家中食之者众，生之者寡，以前还有负债，所以这几年虽然你一直寄钱回来，只是生活较'快活'些，此外并无积蓄。"我便说："如此一辈子为人作佣，无出头之日。日后我寄部份钱回来，其余的与老板娘同上浅婶的会。"这样才有后来的五百元会钱。

新和兴第一年赚了五百元，次年被人家倒账变成一无所有。那时候我四伯母对堂兄嫂说："人家去台南，穿好的、吃白米，工作轻松，而你们在家耕田作牛作马。赚了钱人家也不知道要不要分你们，若赔钱土地会被拍卖，你们就什么也没了，为何不分产呢？"在四伯母如此的撺掇"使弄"下，堂兄嫂听了便常吵着要分家。我说不要分，做做看能不能大赚钱。劝说无效，所以到一九三六年时与堂兄弟分产。土地分予各人，布行这方面原属择龙、择居的投资额归我吸收。原先向信用组合及亲戚庄先生各借五百元的负债，亦由我们吸收，当时布店经营有盈余，债也还清了。

做生意前家族力田为生，因此田间的工作我都会。分产后我兄弟二人在台南做生意，耕地三七五减租时放领给邻居，只留较近的地，在仁德乡“崁脚”附近。头港祖产由邻居放领走了，结果他心里老是不平安，请问神明，说我阿公不甘心，讲：“你太可恶了！咱们厝边做伙相处融洽，竟然如此。”所以他说要照放领的原价还我们。我说：“不行，放领时‘七俗八俗’（很便宜），经过几十年了，要多几倍买。”他说：“那就是卖不是还了。”说说谈谈中，不久他却去世了。他儿子生意做得不顺利，没耕作，将地卖给嘉义人。田地原须自耕农方可买卖，他们改为鱼塭，便不须自耕农就可买了，后来要卖，有仲介来通报，故在几年前以一甲七八十万元之价钱买回来（约二甲余），现在可能得一百万才买得到。买回来后，吴吉成之子吴深池来说让他在鱼塭放养鱼虾。这份土地经放领、买卖转来转去，是值得珍惜的祖产，所以买它回来。

崁脚土地沧桑

仁德乡崁脚附近的土地有一段故事，在此一述。一九四二年以后，用我及家父、内人、三弟俊杰的名义，在台南县仁德乡崁脚附近购买十七八甲土地，请人佃耕。战争后期，日军组织神风特攻队，在崁脚建立临时机场，租用我们的田地。当时租约订明租金按月缴付，将来机场不用时，日方负责将三尺厚的跑道水泥清除后归还土地。战败后，日方表示，机场用地及租金事项均已移交中国空军，复原的事也由他们负责。

光复以后，国军来台接收，我们就向军方交涉索回土地。空军方面表示："你们自称是土地的所有权人，有什么证据？"大家心想，军方似乎不太讲理，所有权状提示给他们看，万一被扣留就惨了，因此不敢将权状拿去，只提供田赋税单作证明。军方那位承办人表示：

"政府的公务人员真没道理，土地已辟为机场，怎么还可以向老百姓收税呢？我来同他们说，以后不能再向你们收税。"

我说我们不是来要求免收赋税，而是要求把土地归还我们。

"这些税单是县政府乱填发的，不能作为土地所有权的凭证。"

后来大家把所有权状、土地买卖契约（让渡证）拿出来。

以前的买卖契约比较简陋，只拿一张直行格子纸来写，载明买方卖方名字，及买卖年月日，盖上图章即是。军方的人看了买卖契约后说：

“胡说！这个让渡证明不是表示你的土地卖人了吗？怎么还说是你的？”

我说：“请你看仔细，卖渡人是黄则义，买受人是吴修齐，我就是吴修齐呀！”

“喔！是这样的呀！那就没关系了，土地既然是你们的，就永远是你们的。”

他虽然承认土地是我们的，但并没有发还的意思，我们有土地却不能使用。最后我们建议，既然军方无意发还，干脆向我们购买好了。

“抗战打了八年，政府没钱。”

“那么就跟日本人一样，继续租用，按月付我们租金。”

“我们从来不租用土地。”

“那大陆的机场土地是如何取得的？”

“买来的。”

“你们在大陆的机场土地是花钱买来的，到了台湾也应该用买的呀！”

“在大陆时有钱，现在没钱！”

“那么干脆没收我们的土地算了！”

“不行，老百姓的东西怎么可以没收。”

真是秀才遇到兵，有理讲不清。既不肯花钱买，也不付租金，没收也不行，土地又不发还，理由是机场还要用。我说："战争已经结束了。"他回答："养兵千日，用在一时，哪一天要用到可不一定。"这是光复初期的事，如此这般纠扯了几次，始终没有结果。

民国三十六年吴三连先生当选制宪国大代表，去南京开会，我准备了一些资料让他带去，请他向国防部长白崇禧说明此事。白崇禧表示："应该不会有这种事啊！通常不是买断就是征收，租用的土地都退还了。"不过我们碰到的情形明明如此嘛！他随即下令空军当局转饬台湾军方彻查，最后决定撤除崁脚的临时机场。但所谓撤除，只是将跑道部份的土地归还，而且复原的工作也不管，还是我们自己花钱雇人将水泥地清除运走。

有一位北门同乡，幼年父母俱亡，孤苦无依，稍长就到崁脚受雇看牛做工。成年以后在当地入赘结婚生子，并向人佃租土地耕种，辛苦勤俭了一辈子，终于买了两三甲土地。没想到土地被日方租用为机场，失去耕种的土地后，原本勇健的身体日益消瘦，光复后土地又要不回来，处境十分可怜。拜托三连叔在南京交涉要回土地后，他马上挖掉水泥，重新耕作，整个人随即神采奕奕。事后我去崁脚，他看到我就老是要跪下来谢我，说是感恩不尽，让他不花一分钱、一根烟或一杯茶，就要回了土地。

机场跑道部份的土地虽然要回来了，但更棘手的是仓库、火药库用地军方仍然不肯归还，也依然不付租金，屡次交涉不得要领。这些土地无偿被占用了四十余年之后，一直到一九八八年才要回来。事情必须从我被蒋经国“总统”召见说起。

一九八七年七月二十七日，在“副总统”李登辉先生的安排下，蒋经国“总统”召见十二位民间人士，包括许金德、黄运金、陈望雄、蔡鸿文、张文正、吕安德、陈启清、林茂盛、陈章庆、黄崇西、魏火曜等先生及我，共十二人，大部份是企业界人士。正式晋见“总统”前，先在隔壁房间预演一次，事先并没有安排要每个人讲些什么话。“总统”召见时，依年岁大小为序，每个人进去谈几分钟，我排第十一个。见面时我提了三点意见：（一）经济上的国际化、自由化要尽快实施，（二）即将成立的中正大学，盼能设在台南县，（三）政治以消除民怨为首要，尤其不能制造民怨。

我以崁脚的土地问题为例，说明我们虽有所有权状，四十余年却收不到租金，要不回土地，百姓敢怒而不敢言，跟乡长、县长申诉也无法解决。经国先生很可取，两三天后，他让“总统府”副秘书长打电话给我，说在我的三个建议中，对消除民怨一项很有兴趣，要我补书面资料详细说明（详见附件一、二），后下令相关者一起解决，至一九八八年十月才由空军后勤司令部正式办理手续发还。

我家族有二三十甲地，大部份是农地，以前土地没有分区使用的规定，农地作田地、果园、盖房屋或做什么都可以。一九七五年行政院通过分区使用，至一九七九年实施，工业区、商业区、农业区不得任意变更。结果崁脚的地是农地，现在反而不值钱，隔壁台南市竹篙厝段的地每坪值几十万。当时买一甲崁脚土地，可以买隔壁竹篙厝的地二三甲，若不是被占用，在七十九年以前，看是要建高楼大厦或想做什么都可以，现在要变就不简单了。土地被无偿占用四十年，目前虽收回但用途受限，这些损失难以胜计，不过大家倒也没有想要求政府有所补偿。

崁脚的土地虽然要回来了，但纠纷却不少。目前我家族在崁脚的土地一部份登记在我大儿子平治、二儿子平原名下，军方归还时，说好由我们自行拆除地上物，当时我心想，这些土地并不急着利用，将来土地可能重划，部份可能被政府征收，到时候再作处理，因此地上军方留下来的仓库仍在。有一位空军退休的老士官，原先负责看管仓库，就在附近耕种，不久前他想回大陆，告诉仓库附近一间庙宇的管理人，说仓库土地是“国有财产局”的，由他暂耕，有土地使用权，愿意以五十万元让出土地使用权，让他们来盖庙，于是就这样，骗了五十万元回大陆去了。当地人士被骗而不知，占用了平治名下的土地要盖庙，几经交涉，申请地籍图证明给他们看，也相应不理。

最近（一九九一年九月）仁德乡公所公告并公开展览高速公路台南交流道附近特定区计划图，仍将崁脚段土地划为农业区，我认为不符实际，为此待联合当地业主（共五三九人）提出异议，希望改划为商业区或住宅区。崁脚段土地在仁德乡与台南市竹篙厝之间，离交流道不远，为北上、南下必经之地段，交通十分便利，无论当住宅区或商业区均适合。一邻之隔的竹篙厝因位居台南市境，早已开发，人来人往，大厦林立，而崁脚段土地过去因受军方占用影响，土地限建、限用，发展延误了四十年。为此我特别以私人名义发函各有关单位，申述民情，并特别给省主席连战先生去函（见附件三），希望有关单位俯顺舆情，消除民怨。

从民国三十六年开始，我的身份证上面职业栏一直都登记自耕农，四十多年没有改变过，一九九〇年十二月因为申请筹设万通银行，“财政部”大概认为自耕农不够资格当银行发起人，要求更改，所以一九九一年初去户政事务所更改职业栏为“台南纺织公司董事长”。“财政部”的要求其实并无道理，我是自耕农，但可以兼职啊！并没有哪一条法律说自耕农不可以兼任董事长吧！

附件一

总统先生钧鉴：

修齐生长乡野，实浅陋一无所堪，猥蒙嘉许，得于七月二十七日，与乡人士比肩晋见，复承殷切垂询，并锡以多珍，诚属毕生荣宠。　钧长采葑菲，询刍荛，其于国家大计，无不坦诚谦冲，细为剖释，昭示吾人者，如力行民主宪政，努力本省建设，恢宏心胸，精诚合作，政治团结，社会祥和，尤应警惕隔海敌人之觊觎，超越党派个己之小利，顺舆情，通时变，化疑梗为䜣合，易怨谤为讴歌，其具体措施，诸如票据法之免刑责，政治异见人士之获释，戒严法之解严，以及集会游行之将开放，是皆　钧长总天下之知以助聪明，顺天下之心以施教令，修齐庸碌，聆　训萦怀，未敢稍忘。

吾国政治，自华夏立国以迄于今，垂数千年，为政思想导向，或儒或道，以及　先总理三民主义，　先总统学庸哲学，要皆以百姓之心为心，以天下人之欲为欲，内圣而外王，此又　钧长平日所深切体会，不断谆示国人笃于躬行者也，既拜延见，复获赐赠，肃书怀感，难表微诚，敬颂

政躬康泰

吴　修　齐　敬呈

七六年七月卅一日

附件二

总统钧鉴：

七月卅一日上书谅达钧览。修齐以一介乡愚而登廊庙，既蒙召见，复承赐赠，获此殊荣，毕生之幸。　钧长身负国家之重，心系民众之殷，日理万机之余，尚复询及刍荛，下问深切，凡属国民，感动实深。修齐久在乡里，厕身企业五十余年，对经济问题略有实感，对地方舆情亦多直接了解，谨就国家经济大计与台南庶政，敬陈三事，自维庸陋，期有一得，劳渎　钧听。

一、经济自由化国际化问题：我政府自卅八年迁台，承日本战败，经济产业完全凋敝之后，百废待举，由于政府农工及土地政策，正确领导，坚忍执行，四十年来一跃而为贸易大国，及开发国家之林。自民国六十九年，出口总额一九八亿美元，占全世界之第廿四位，直至民国七十四年，出口总值三〇七亿美元，升占全世界之第十一位，六年以来，贸易地位逐年上升，迨至去年（一九八六），国民生产毛额达七二六亿美元，经济成长率一〇·八二%，国民所得达三四四一美元，顺差一三六亿美元，其工商业之跃进，国民所得之高，贫富分配之均，早赢得亚洲经济“龙”“虎”之赞誉，此实我民国开国七十余年来，在经济上空前无比之奇迹，吾人生长斯土，受惠独多。修齐置身经营企业达五十余年，躬逢国家经济繁荣之盛，欣幸何如。窃以我国既臻于已开发国家之境界，其经济发展之层次愈高，而其所遭受国际间之挑战与冲击亦必愈复杂而艰苦，故如何适应新环境，接受新观念，及培育新作风，俱为我政府当务之急。行政当局及经济主管近年来揭橥经济自由化国际化政策，可称洞识国内外经济发展情况，正确而具前瞻，原则确定，即应全力以赴，不应因挫折与困难而更张。

二、中正大学设校校址问题：先总统 蒋公毕生领导革命，其北伐抗战反共诸役，勋业铄古今，而其言其功其德尤为不朽。言以济功，功以弘德，遗训具在，学而习之，不学 总统而将谁学。故中正大学之设立，要为行政措施中之第一等事，可成功不可失败，而校址之选择，当亦成败之重要助缘。台南县文风鼎盛，典籍之丰富，史迹之伟大，凌驾他县，士民好学，民俗淳朴，爱族爱乡之心尤强，赤嵌楼高，永矢孤忠，永福祠前，誓全大节，至若地理条件优越，往返全省称便，亦远胜各地。有利便之交通而后有优良教师之投入，有优良教师之投入而后有优良学子之来学，有地方上历史巨人之勋业，而后有青年学子之向往，而后先总统之志业与思想得以传承发扬，并因相乘，成功主见。自我政府宣称设立中正大学之议以来，南县及邻县父老群情奋发，争相与修齐言谈，汲汲以争取中正大学设在台南为一生心愿，修齐情切桑梓，若稍缄默，即遭咎责，此事虽属地方人士热心教育，而如何继述先总统生平学术思想与志业，如何慎之于始，为国家上庠树立百年坚固之根基，自须多所究心。窃以台南全县可作中正大学校址之用甚多，而适合发展新设大学之客观条件亦复众多，而熏沐深远，故敢耿直以言愚诚，以请钧长睿裁。

三、仁德乡崁脚段所借用土地而建临时飞机场火药库及仓库撤除问题：钧长施政，无不以畅通民情，结合民利为怀，迭在中常会上不断谆谆昭示，以民众利益为先。修齐服务台南纺织厂达卅二年，南纺办公室设在台南市后甲，后甲邻近台南县仁德乡崁脚段。修齐办公，朝夕往来于斯，因而对崁脚段农民情况熟悉，关系亦密切。缘崁脚段土地一部份于民国卅二年第二次世界大战期间，被日本空军强制征用，建立临时飞机场火药库与仓库，日军撤退后，适民国卅六年我政府在南京召开国民代表大会，选举总统副总统，其时国大代表吴三连先生受仁德乡崁脚段农民之托，向当时国防部长白健生（崇禧）将军建议，请将借用崁脚段所建之临时机场火药库及仓库俱予撤除，国防部长遂令空军总司令部转台湾空军指挥部照办。经数月后，机场跑道均予撤除，崁脚段农民深感政府德意，但火药库及仓库迄今四十余年仍未撤除，且亦未付租金，一片土地荡然，未能利用，当地农民时有烦言。目前嵌脚段之东设有中华医事专科学校，其北为住宅区，其西与台南市东区竹篙厝为邻，而竹篙厝在六、七年前张丽堂市长时代，曾编为第四期重划区，现已高楼林立，惟崁脚段之火药库仓库依然存在，尚未返还农民，农民亦无从建屋与耕作，农民深感其苦，至恳政府勤求民情，体念民瘼，若能转令所属还地于民，早日撤除火药库及仓库，或移往其他山区，并将该地编为住宅区，藉以繁荣地方，此正　钧长所昭示，结合民众利益之仁风德意，自必为当地民众所感戴。

修齐南亩乡人，贵贱异位，而国家兴亡，忧乐则同，上陈三事，或关经济及教育大计，或涉地方庶事，建言恐多不当，惟语不敢及私，至天下之公，自愧有志而未逮也。伏祈　睿察敬颂

政躬康泰

吴　修　齐　敬呈

七六年八月廿二日

附件三

永平主席赐鉴：

久疏函候，殊深系念。谨陈者，迩来目睹省政各项建设，在吾公悉心治理下，皆突飞猛进，心生无限欢喜，足信以此德政，广庇省民，当使国基巩固，人民康乐，诚可谓功德无量矣。再昨阅　钧府于此间仁德乡公所公告并公开展览高速公路台南交流道附近特定区计划图（第二次通盘检讨），乃知该计划固仍将“台南县仁德乡崁脚段土地”划为农业区使用，衡其规划不仅了无新意，且其未能顾及当前该区急遽发展之情势，将“台南县仁德乡崁脚段土地”规划为台南县市间新市镇使用，盖已引起附近住民争议不已。为此修齐除依照公告规定检具相关位置图并添具意见表迳向钧府住宅及都市发展局提出修正意见外，兹鉴于该意见表之叙述，以表格所限而不尽详，爰再就台南县仁德乡崁脚段土地经四十多年来，历尽沧桑，备受委屈之经过，予以一一坦陈于后，还祈谅而察之。

一、按上述仁德乡崁脚段土地，远在本省光复前数年，亦即中日战争开始后，则为日军所强行占用为飞机场及火药库、仓库等。惟当时日军慨允每年租金照付且于战争结束后复旧璧还。迨日军投降，台湾重归祖国怀抱，原期占用之上述土地，得以刻日收回，讵知续因国家需要，仍供我军作为火药库及仓库使用，租金至今四十余年全部未付。为此乃于民国三十六年间，经当地农民央请当时国大代表吴三连先生于南京开会时，向国防部长白崇禧将军建议，请将借用崁脚段所建之临时机场、火药库及仓库俱予撤除，旋奉国防部长令空军总司令部转令台湾空军指挥部照办。经数月后机场跑道虽均已撤除，崁脚段农民深感政府德意，讵火药库及仓库却全未撤除，如此长达四十余年于兹。

二、顾四十余年间，上述无偿提供军用之地，既无分毫收入之可言，则附近未供部队征用之土地，亦奉军队之禁令，一直不得种植高茎作物，其窘困之状，实一言难尽。所幸七十六年七月间，修齐厚蒙 故总统经国先生召见，尚询及刍荛，下问深切，修齐除就当前政经问题，宜兴宜革事项，有所建议外，复顺便提及崁脚段土地，充当火药库使用，迄今四十余年，仍未撤除，一片土地荡然，未能利用，乃请故总统体念民瘼，转会所属还地于民，早日撤除火药库及仓库，移置其他山区，并将该地编为住宅区，藉以繁荣地方。幸蒙 故总统英明睿察，不仅对此一案，细细体察在心，更于会后不出数日，饬总统府张秘书长专电存问，嘱将上述崁脚段土地，诸凡长期受屈始末，以书面详加报陈等语， 故总统似此不以人微言轻，察民意而垂慈之情，令人深用感叹。为此修齐乃于七十六年八月廿二日敬谨直书上陈，嗣经 故总统一番细审，剑及履及，立即俯允所请，迅饬下属研办。迄今崁脚段长达四十余年，被军方占用土地，已重见天日，一一偿还，似此德政谅必永为人民所感戴难忘也。

三、如今时过境迁，衡诸昔日崁脚段土地，固距南市中心区颇远，殆属荒郊野外之地：但观近年来，以都市社区之发展突飞猛进，都市人口益趋稠密，本区早已与南市社区连成一体。如附近高楼大厦及学校，到处可见，呈现一片欣欣向荣之势，再与本区毗邻之南市竹篙厝段，早已办理市地重划，所建高厦无数，目前本区俨然已成为南市卫星区域，自毋庸论。是则如任令本区作为昔日农业区使用，显已不相宜矣。理由无他，盖本区由于长期禁耕结果，由于所有水利设施皆无，早已丧失农业区应有之功能，如再勉强予以维持，又有何用。而况本区向以风景优美，环境清幽为此间人士所周知，其与南市闹区毗邻，只不过一线之隔，若不因军方长期占用，或纵使军方占用，而本区仍得于民国六十四年底未编定为农业区使用以前提早归还民间者，谅本区早已民宅到处林立，欣欣向荣，在在可以逆料。

故为配合当前仁德社区都市化之发展，亦为配合未来高速铁路于附近设站而使本区都市人口急遽增加趋势计，敢请　钧府迅令所属实不宜因循苟且，而应于此次台南交流道附近特定区作第二次通盘检讨时，将该区变更为商业区及住宅区使用，既符地尽其利之道，且才是十足反映民意而有前瞻性之规划也。区区愚见，语不敢及私，全为仁德地区之远景而着

想，且亦可有效消除本区农民长期受屈之民怨而建言者，尚祈　　鉴核俞允采择，无任感企。专此奉陈，祇颂
勋祺

弟
吴　修　齐　拜启
八十年九月四日

三、求学与乡居生活

中洲公学校

我是在中洲读小学的，原本是学甲公学校中洲分校，一、二年级时叫分教室，三、四年级改称分教场，五年级时独立为中洲公学校。我们是第一届，学校草创，在一间借来的房子上课。听说原是中洲大富人家陈少卿先生，请老师来教家里面孩子的地方，就建在他家前面。到二年级，只一间教室没法让两个年级一起用，得轮流使用，譬如第一节课一年级用教室，二年级就露天上课，第二节课再换过来。若遇到下雨，无法在室外上课，这时便集拢来，到人家的屋檐下，“先生”（老师）便讲故事啰!

公学校的学费不贵，每个学童一个月交授业料“十八尖（分）”（一角八分）。一户有二人以上就读，第二人起减半收费。学费不贵，买书、簿子、笔的钱也不多，只下过乡下人都很穷，让孩子去念书，就少一个人在家帮忙或工作。且在家衣衫随便穿，褴褛结褐没关系，上学虽没有强制穿校服，也不能太难看，虽然早期缝或补难免，总不能太破烂。主要的是当时并没有非念书不可的观念，读书的必要性，视各人父母想法而定。先父克读公受过公学校教育，一二十岁就在泗汪区公所任职，算来属知识阶层，有让孩子念书的观念，所以他的子女都受教育，除送人的小妹素娥没有外，到金枣、俊升都有，我们算村里面很好的。二伯克明公的长子择龙也受教育，次子择所、三子择三均未上学，四子择居年纪比我大，但慢我二年入学。择居的小妹有一位念书，一位没有，因为得帮忙田事。尊贤那房只有他去念，七位姐妹都没有，当时女子很少去念书的。九叔公的孩子就全都上学，他加入新和兴布行赚了钱，孩子还小，生活已较好。我民国十年入学，因为堂兄择龙当时也在学甲公学校念书，只要交九分的学费即可。我读了一年，堂兄就毕业了，原本第二年起应收一角八分学费，但学校糊涂未注意，直到六年级，一直都只收我九分学费。

我是中洲公学校第一届，大正二年（民国二年）出生的才能入学，大正三年以后的就得念第二届。我刚好是十二月三十日出生，若慢个二天，就是第二届了。中洲派出所辖区内中洲、头港、过港仔、头前寮、栈寮等村子是学区，刚开始时有六七十人，挤在一间教室上课。几年内一直有人退学，毕业那年正好只剩四十人。当时有人在五年级甚至三四年级时就娶妻的，因为我们是中洲公学校的第一届，有人差不多十几岁才念一年级，他们是年纪较长也早婚的同学。

学校授课以日文为主，自“あ、い、う、え、お”学起，学校也教授汉文，用闽南语念，但小小一本书，没有多少字。

写毛笔字大概是四年级到六年级时。上学第一年我曾因生病发高烧，一个月没上课，所以学期成绩第三名，后来在校成绩虽好，但一直屈居第二名。第一名总是陈英泰，他只是图画、写字比我行，若论主要科目国语、算术、汉文均输我一大截。学校评定成绩，主、次要科目有别，图画较不重要，因此有很多同学为我抱不平，不过我倒是不计较。因为我不嫉妒，有人为了功课求教于我，我会好心告诉他们；而陈英泰怕人家赢过他，绝不轻易教别人。所以等到名次出来，大家总是替我不平。明明我的功课比他行，为什么老是第二名呢！其实是这样的：中洲公学校的学生百分之八十是中洲人，在七保中占了五保，新头港、旧头港合起来才一保。所以中洲的大老认为第一名被外地人拿走很没面子、不荣誉。因为学校很穷，得靠大老们支持，所以有来自大老的压力。老师也都是中洲当地的人，"厝边"（邻居）嘛！一样的心理。

国小时，算术、汉文这两科我常是不支薪的小老师。校长末永猛在我毕业数年后回母校时对我说："毕业了四五届，这么多学生中，就属第一届最杰出。算术、汉文没人比得上你，图画没人比得上陈英泰，毛笔字没人比得上陈增辉。"那时若遇较低年级算术、汉文这两科的老师生病或有事，我都去当小老师，没报酬领的。我去教人，自己这边的课反而没上。新头港、旧头港一带的学生若有二三天没来上学的，老师就交代我说："你去他家查看，为什么没来？"我就负责去叫他们来上课。

我还记得一件趣事，国语（日文）老师题目不知怎么出的，满分应该是一百分，我考了一百一十四分。别人考不到一百分，我各部分每样得分加一加，总加起来就多了。

学校设备很简单，例如运动没有现在的器材，用林投树叶编成圆球状来代替球。比赛的项目也都是跑啦、跳啦，不必器具的，到六年级才有一两个皮球。音乐课只有一架风琴，每次扛来扛去。学甲公学校也许较好些。

公学校的程度很低，六年就毕业了，尚懵懵懂懂并不大识得什么，同学中也没什么特别杰出者。不过当时日式教育非常注重修身、品性，强调道德观念与做人，这不失为一优点。当时也没有什么日本统治下的民族差别，全校师生都是台湾人，只有校长是日本人，他只有日本中学的学历，但对学生很好，我们尊重他都来不及，不会排斥。老师都是师范毕业的，不知他们是否有比校长高一等的感觉，然小孩子都是敬爱他的。

我一二年级的老师叫陈孽，三四年级是陈竹围老师，五年级由陈庆辉老师教，六年级才由未永猛校长亲自授课。毕业后，大部份同学仍从事耕作，没继续升学。陈英泰好像曾投考中学，但未录取，后来去凤山卖煤炭，很年轻就过世了。我则是没法去考试，但毕业后汉文仍继续自修，在侯雨利先生处工作时，由父亲教我。再来是我十八岁时，对排命书、起四柱、八字等有兴趣，所以买了一些命理的书，自己研究，进展很慢，隔壁开基武庙有位黄藏锦老先生，祖上曾任官又是富豪，故人称藏锦舍，他上午都会来庙里诵经。遇他有空我得闲，便向他请益，也算是我的汉文老师。

毕业后因为在布行工作，看报纸与书信往来让我有机会继续研习日文。当时往来的日本大商社，其业务员都是日本人，差不多都是大学毕业，感觉上他们的日文也不过如此而已。除了一家规模不太大的“ますや”来往文书遣词文雅，字也漂亮外，此外都无足观。我去日本，他们曾问：“你们商号书信是什么人写的？”我说：“都是我写的。”他们大感意外，原以为是我托人或业务员写的。再问：“你念什么学校？”我说：“コウガッコウ。”（公学校）他们不知道公学校是什么（访者按：公学校是专门给台湾人念的小学），以为学级高过大学，其实是小学，他们的职员语文程度可以想见一斑。

小时候学汉文，发音是闽南语，光复以后，我因生意繁忙，加上身体不好，并没有正式学过国语，只能在听别人使用的过程中，多少学一点。三十六年到上海做生意，国语、上海话都不会讲，况且上海是大商埠，五方杂处，各地来的生意人都有，光会讲国语也不见得管用，因此多半靠笔谈。在上海做生意而不懂上海话，我并不觉得自卑或羞耻，毕竟方言太多，上海人也不懂闽南话啊！后来在台湾参与各种官方的工商活动与聚会，多少可以用国语交谈，但毕竟无法讲得流利自然，除了像“总统”召见，一定得用国语交谈表达外，我仍尽可能用台语。例如，一九六〇年我代表台南市参加全省工业发展投资策进委员会联合研讨会（当时全省只有八县市成立该委员会），会议由李国鼎先生主持，开会第一天，我第一个发言，首先就征求主席同意，特准我用闽南语发言。由于我长年居住台南，做生意及生活上用闽南语即已足够，因此少用国语，也就说得不好，不过倒也不太影响事业或人际关系。

公学校受教育之后能够“吃头路（上班）”的机会很少。毕业后大多数人帮忙家里田事，也有父亲开杂货店，父亲去世后便接手看店的。村里土地盐分重，又有水害，收成不多，所以有些人出外工作，有的去学做马车，有的做粗重工作，去制糖会社扛糖，有的去学做船。

我进入布行工作时，并没有同辈同学和我一起去，我只“提携”二弟尊贤和三弟俊杰入布行。我们这辈仍算在开风气阶段，至新和兴行时期，才有一些亲族的下一代来参与。

记佛字画土符

新头港仔以前只有三十户人家，药店难以开张，也没有“医生馆（诊所）”，有病得到中洲去买药，那儿有三家药店。过去村人患病或遇有难题，总是请乩童或“手轿仔”来求神问道，这得要有人“记佛字”，将神明的指示、药方、重量或酬谢方法等写下来。村中识字的人不多，识字的又多出外谋生，无牛驶马，就由十一岁的我去当小书记了。在我记佛字前，父亲和二伯克明公常被请去记佛字，我常常去看，所以听得懂所开的汉方药单，且乩童派说的差不多都是那几味药，用字有一定的范围，所以我虽然年纪小，却也难不倒。

另外我还得替村人画“土符”、“安胎符”、“化骨符”、“止血符”。庄里常用上符，是过煞时用。化骨符最常用，写时是面向东方，左手捧一碗清水，再用右手写“龙”或“凤”，若是被鱼刺哽到，就写龙，被鸡、鸭的骨头哽到就写凤。然后将水拨转，口念：“赫赫阳阳，日出东方，九龙下海，变化无踪，诸神遇我低头拜，恶煞逢我走无停，天灵灵，地灵灵，六甲六丁，听我符令，急急如律令。”之后右手食指向太阳，右足顿地，叱咤一声：“赫！”听说有效，我想大概是免费服务，所以来求符的人还不少！

止血符很少用，也没人请我写过，不知是否有效。写法是用黄色、上有银箔的冥纸，写“车、马”二字，旁边画十四个圆圈，再以笔头捺盖三下，盖住伤口就可止血。

土符与安胎符的样式是这样：

土符：

安胎符：

符的种类很多，我不像尊贤事情都记写下来，已忘了许多。画符与记佛字等都是义务性的，除了记佛字可以和乩童吃一顿免费的饭外，均系无酬的服务，即俗话说的“了工无趁钱”。

画符、记佛字等是二伯父克明公传授的。二伯自己有四个儿子，似乎是看我在小辈所有小孩中比较聪明，他曾对邻居称赞我的聪明，所以他有的功夫都教给我。

“乩童”、“手轿仔”、“四人轿”到现在都还有，有人问是迷信吗？这是令人非常好奇又有趣的问题。照理讲，是“厝边”（左邻右舍）人家请你帮忙，算是服务，不谈信不信的。然而这种事很难说，有一个故事可讲一讲。

我祖父昆仑公和父亲克读公都是知识分子，在村里面算是很“铁齿”（不信邪）的人。昆仑公有次生病，遍寻中、西医，束手无策。邻居们都说：“明明医不好，难道眼睁睁地让医生医死？得请神明啦！”但昆仑公执拗不肯。到最后没办法了，“死虎作活虎打”，试试看。到头港仔西边的北门乡找一位叫“和尚”的乩童，因为村中的乩童说起来都相识，大家反而信不过。我们请的是村里崇祀的神明：李王、池王、吴王，又称三府千岁。南鲲身庙则加上朱王、范王为五府千岁，我们是三王而已，起轿所请的神明系此三王，另外还有虎爷。当时阿公病情严重，流血不止，大家说恐怕没希望了，请神一问，却说：“没什么关系，这是普渡公在指点你。说你已经二年普渡没为他请戏班仔、搭戏棚来演戏了，今年再不演戏，就是第三年了，他给你指点呢！你得烧香向外对普渡公讲：‘过去大家很穷，连吃都没得吃，请你原谅。你保佑赶快病好，今年给你作戏。’在中湖塭仔内的神位后有个鸳鸯巢，将那个蜂巢拿回来煎药服用，病就会好。”

事情的起因是这样的：七月中元普渡，我们那儿以七月的尾日普渡，昆仑公是村中大老，演戏与否由他定夺，第一年普渡没演戏，到第二年又没打算做，村里的其他大老都集拢来讲：“去年没做，今年又没做，怎么行得通呢？”昆仑公说：“不是我不要，看看庄中，大家这么穷，生活很苦，要酬神演戏得请戏班，一棚戏下来不少钱，村里平均分摊（收丁钱），查甫一丁、查某半丁。不但如此，不演戏就不必请那些嫁出去的姨仔、姑仔回来看戏（兼吃饭）。大家三顿（餐）原来只吃蕃薯叶、蕃薯签干，请她们回来，怎么能请吃这些？起码也得借钱去籴些米、买菜。而有些人连蕃薯签干也没得吃啊！所以请你们下午去庄里巡一巡、看一看，几户有蕃薯签干可煮，几户是煮蕃薯签角仔（人家蕃薯签干剩的头尾），或是煮蕃薯签叶干那些叶呀、藤呀的。若是有蕃薯签干煮的较多，便演戏。但是丁钱不要求庄民均摊，我虽穷，我出一半，你们大家出一半。”查看结果是大多数人家没蕃薯签干可煮，煮蕃薯藤的居多，戏也就不演了。第三年就逢问神的事了，说演戏酬神，将中湖塭仔的神位后一个鸳鸯巢拿回去煎药便无事了。

鸳鸯是一种昆虫，腰很细，样子接近虎头蜂，但不会随便咬人。它会衔土作巢，鸳鸯虫若变鸳鸯飞走，就只剩空巢。鸳鸯不会产卵，那如何传宗接代呢？据说伊会咬别的虫来巢里，对着它说：“你得‘亲像’我”，“你得‘亲像’我（你得像我一样)”，以后大了就变螺蠃。若不教，它是不会去咬别人家的虫来的。所以自己不能生育，领养别人生的小孩，叫做“螟蛉子”，就是由此来的。（访者按：螺蠃是蜂的一种，学名蜾蠃，常于树干或物体上筑泥巢，产卵前，捕捉鳞翅类幼虫，如螟蛉，置于巢内，然后产卵于螟蛉虫上，再以泥土封闭之。此系以螟蛉虫喂养其子，俗多以为蜾蠃代螟蛉养子，故以螟蛉子为养子之代称。）

我们住的新头港仔叫东埔，旧头港仔叫中湖，再过去为西埔。我阿公去中湖的塭仔当过“账柜”。当时大家很穷，塭仔、塭寮用竹子盖，上覆稻草。神位是用一大张红纸，上书“顽德正神”、“观音佛祖”、“五府千岁”等等，写好贴在壁上的。乩童说中湖塭仔的红纸后有一个螺蠃巢，原先也没人看过，而拿螺蠃巢回来煎药吃，结果病真的好了。这是祖母常常讲的一个故事，所以这些民俗医疗行为的事很难说的。

我相信鬼神之事不是全无，但乩童多半是作假，例如学甲“七块厝”那儿有一位乩童，一辈子扶乩，年老生病，儿子、媳妇要请乩童问神，他说：“我做了几十年乩童，一生中被请去问了不知有几百、几千次，只有十七次半真有神明附身，所以不必白费钱了。”有一次是开始时假装“起童”（神明附身，昏迷状），后来真感觉神明附身，所以只算半次。我想鬼神是确实有的，不过童乩作假、骗人的居多。但也不怪他们，他们一整天让人请去求神问卜，若要等到真神来附身才作法，恐怕“赚无吃”（难谋生）了。

符咒之事也很难说，我实际的经验，二伯父教我念一种咒，蛇会盘蜷定住，再念可将之解开。我小时候很“好胆”（大胆），俗话说：“青瞑的（瞎子），不怕蛇”，我没“青瞑”，但又不怕蛇。孩提十一二岁养牛时，遇蛇便去试试看，果真有效。此一咒语念法是：“伸延蜷蜷”、“伸延蜷蜷”，一直念，蛇就卷曲不动。而且得念解咒，否则盘蛇无法伸展游走。解咒是：“天开、地开、日开、月开、山神土地开、总开”，念完蛇就展开来了。我试过像“饭匙铳”（眼镜蛇）、“龟壳花”等毒蛇有效；无毒性、不咬人的蛇则否，像民间所说是土地公女儿的“草花蛇”便无效了。

另外还有个故事也是祖母常常讲的。古早前清时期，我家在庄里开了个卖酒、烟、香烛的小杂货店，为了抵挡抢匪，申请拥有一支自卫枪，后来枪故障了，无法击发。有天早上，庄中有位叫“跛脚兴仔”的正在修理，一个没衣可穿的囝仔，背个捉鱼的篓子说要去捉鱼，到我们店门口，就坐在竹椅上看人修理枪。兴仔说：“你要捉鱼，不赶快去，在这做什么呢？”他说：“我偏要坐这儿！”兴仔说：“你要在这儿坐，我要射你哦！”“你射啊！”那只枪一直修理不好，这下子一射却“砰”一声，正中小孩的心脏，结果他吃枪弹仔死翘翘了。在这件事发生前的二三天，庄里有个八十岁的老人，昏死又醒来，问他昏睡那么多天，有没有怎样？他说：“没有咧！我要回来的路上，遇到某某人的儿子某某某，血涔涔流，捣着肚子，沿路一直走一直号哭，听说是要去阴间。问他说：‘你是怎么了？’他讲：‘忘记了。’”

才说了二三天，上述枪击事情就发生了。所以老人家说这是已经注定了的。小孩死后，那把小孩坐过的椅子开始作怪，晚上灯亮着倒也无事，灯一灭椅子马上就唏嗦作响，好像有人在那儿坐着。一亮灯声音立刻停止，灯火一吹熄又开始作响。日本人统治台湾以前，我们有个庙，后来便把椅子放到庙里，也就没事了。不过奇怪的是换成旁边那小孩没坐的椅子也会关灯便怪声作响，开灯又没声音了。再拿到庙里放，就不会。这不是传闻，是千真万确的事，祖母常常提起。

四、饼铺学徒

一九二七年三月，我从公学校毕业，跟大部份同学一样，没有机会“吃头路”，只能在家里帮忙农事，是一个标准的自耕农。九个月以后，也就是该年年底（农历十一月初），与父亲同时离乡谋职。父亲往台南侯雨利先生经营的新复兴布行当账房，我有幸往邻村中洲陈远先生经营的庆美商店（饼铺兼卖日用杂货）当学徒，当时年纪刚好满十四岁。以前三餐吃蕃薯签干，从此每日三餐改吃白米饭。第一天学做糖塔时，因技术未熟练，被热滚滚的糖浆浇到脚盘，陈先生拿发酵糊替我涂抹，幸好几日后就痊愈。

一星期后，回家看母亲，但母亲与邻居妇女同被雇去除草，尚未回家。因此我伫候于屋后堀岸，天色已晚，其他人都已陆续回来，却未见母亲踪影，思母情切，竟不觉潸然泪下！

做饼铺学徒有甘有苦，甘的一面是除烘饼及蒸粿外，其他工作与农夫比较，还不算辛苦，因为在屋内至少可免风吹、雨淋、日晒之苦，且当时农家三餐都吃蕃薯签干，佐餐菜肴更不必说（有等于无，日据时代的农家生活，大部份是乞丐不如）。当饼铺学徒，不但三餐都是白米饭，佐餐者除菜、汤外，非鱼则肉，比起农家实有天渊之别。苦的一面是当时还没有电气炉，烘饼都用木炭，操作者为了看火候，以防烧焦或半生不熟，须长时间站在炉前，其热度之高，令人难以相信，虽然是冬天，也要打赤膊（只穿一条短内裤）工作，而且每小时还要往身上浇数次冷水，否则无法忍受。蒸粿之苦则另是一种滋味，通常都在前一天晚上先做好红龟、红圆等，材料是面粉、甘薯及糖、土豆（花生）或红豆仔及发酵粉等。翌晨三点起火（大部份用龙眼柴之类）后开始蒸，直到膨胀得恰到好处时就可以赴早市。日以继夜地晚睡早起，也是相当辛苦。

一九二八年四月，有个星期六晚上，我照例由饼店回到家中省亲、换洗衣物。饭后大家坐着聊天，邻居吴仁伯由中洲回家，经过我家时，大声叫我的名字说：“修身啊！远叔仔（我的饼铺主人）吩咐我转告你：店内一张五十元的银票不见了，是否麻豆米店或烟酒仲卖（即配销所）有人来收账拿去了？如有就好，否则要你即刻往中洲店里去看是怎么回事？是给了谁钱没记账？还是让人偷拿走了？”我自就职以后，每周都回家与祖母、母亲及弟妹欢聚一宿，这次突然有此意外情事，使我惶恐万分！头港到中洲的路上有坟地，晚上我不敢独行，是日适堂兄择龙由新任所佳里回家，乃请他陪我往中洲拜访陈老板。我心想怎会这样子呢？实在莫名其妙，远叔把锁匙交给我，回家前我交给远婶时，钱还在啊！我一个月薪水才三元，五十元是一年多的薪俸呢！且不只是钱而已，问题可大了！

要到庆美饼铺前，会先经过远叔仔住家，才到其门口喊了声“远叔仔”，他就跟我说：“修身仔，失礼！失礼！你远婶仔这查某把钱收起来了也不说一声。”原来远婶已向远叔说明是她收起，没想到会连累到我，要向仁伯说时他已走远了，当时也无电话可通知，让我徒劳往返。

远婶仔是一位贤妻良母型的妇女，鉴于先生有时与朋友上酒家，偶尔也出入赌场，因恐先生万一沉迷于赌博与酒色，不顾事业，以致倾家荡产，故意将一张面额台币伍拾元（当时台币伍拾元可买黄金一两以上）的银票藏了起来，看看先生是否知觉，万一不知觉的话，亦可作日后生活费用，所以远婶仔此举可说是用心良苦。不过对我而言，如此饼店实为是非之地，远离方属上策，回家的路上我便打定主意了。所以翌日就向老板辞职，远婶直说失礼，慰留再三，不过我想还是辞职的好。当时父亲在新复兴工作，我也没问他的意见。当年我只有十四岁零二个月大，已经很有主见了。

一周后又回家耕田，从那时起又恢复三餐吃蕃薯签干的日子，不过同时请父亲在台南代我另谋他职，一个月之后，父亲由台南返乡，带来好消息，表示新复发布行老板侯基先生愿意收我为徒，我才有机会从小农转入商行。

五、跨入布业：新复兴时期

侯基开基

侯基先生是北门郡布商蔡尔秩先生的徒弟。蔡先生是佳里人，到台南开布行，店名现在我想不起来了，孩提时知道的。二重港侯家是侯基最早开始经营布行（新复发行），算开基祖；侯基的侄子侯调、侯排、侯雨利都曾在新复发习艺，而后独当一面。严格说起来，台南帮由侯基先生创始，而有徒子徒孙。侯基先生排行第十，兄弟大多数在“草地”（乡下）耕作，有的去盐水开药材行，也有贩布的。当时全台湾省布行财产最多的，我看应该是他，乃坚实首富。但布行规模并非最大，因他经营的方式十分保守，赚了钱便买房子、土地，新复发的营业额跟当时彰化最大的布行源义商行或高雄的新义源相比，只有人家的几分之一，我们新和兴开张时年营业额十五万，新复发大约年二三十万。后来我们达年五十万，他仍没变。光复时收束，他的营业额比我们还少。他的金额一开始就比侄子侯雨利的新复兴还少，因为他靠土地出租、收房租和贷款所得利息就够了，所以做的是富人生意，有赚头才卖，没有必要为了“赚吃”拼命。侯基生前不敢让儿子与事，光复后没继续经营，他过世后孩子不懂生意，虽然次子接棒，并不成功。

侯排、侯调、侯雨利三人起初合资开设“新复成”，后来侯雨利先生最早离开，独资设“新复兴”，侯排先生继之，自营“新复茂”，新复成最后由侯调独自经营。雨利先生的新复兴刚创立时规模不大，但结束时则不小。新复兴后期因为要做织布厂，布行乏人照顾而缩小营业规模，那时确实的数目不知道，但资本额在五六万元左右，年营业额约有三十五万元。当时本町（今台南市民权路）布店，一栋二层楼的房子，视建筑之良窳，值五千五百元到八千元不等，可见新复兴之发达。

团仔工

我进入布行，原先是要去侯基先生的“新复发”习艺，后来阴错阳差，成了“新复兴”侯雨利先生的门徒，说起来冥冥之中似有神明安排。我在一九二八年五月，跟随父亲离开新头港故乡，到中洲搭乘小火车，抵隆田（番仔田）换搭大火车赴台南。这是我生平第一次搭火车，也是第一次到台南府城。当时隆田到台南车行四十分钟，车资每人四角。出了火车站，步行经现在的中山路、民族路、西门圆环（当时叫小公园仔）、水乐路至父亲就职的新复兴布行。新复发布行在民族路米街口，从火车站一路走来，会先经过新复发，才到新复兴。当时已近中午，父亲打算先带我到新复兴吃过午饭，再去新复发报到。大概是缘份吧！侯雨利先生与夫人吴乌香女士见过我之后，要我留下来在新复兴服务，新复发则由父亲单独前去致谢并表示歉意。当时一般批发布行的组织，在职员方面大致如下：

家长：相当于现在公司的总经理，当时或称为掌柜，为一家布店经营出色与否之关键，不论决策或至日本、台北、彰化采购货源、零售店可否赊欠等，由家长负总责任。有时是老板兼任，有时聘用专人。

出张：即业务员，分北、中、南部，负责推销、收取货款。

店口：店员，除批发外，负责门市，像布贩来零买一匹、二匹的买卖。

账务：即账柜，相当于会计，负责进出账的收支计算、登录。

囝仔工：做开门、扫地、整理、载运布匹、往银行办理手续、为长辈添饭、铺被、挂收蚊帐等杂务。

我到新复兴的第一年，担任的就是囝仔工（学徒）的工作，月薪三元。老板娘乌香姐是头港仔宗亲，特别疼爱、关照我。父亲体弱多病，需人照顾，乌香姐帮我照顾父亲，例如煎药、煮稀饭、洗衣服等，也常送我卖剩的布头布尾做内衣裤，使我的薪水能全数交给父亲，拿回故乡贴补家用。由于薪水全部拿回故乡，自己的生活必需品就要想办法自给自足。例如，当时很少穿鞋子，都是穿木屐，木头部份捡拾长辈不用的旧品，木屐棕（带）则自己动手，黄麻结绳做里，外包布屑裹成。木屐在水泥地上行走，久了容易磨损，于是拆下布箱的铁板条，钉在木屐底，如此一来在水泥路上却容易滑倒，不得已再想办法，向脚踏车店要一点旧轮胎皮，钉在铁板上，如此加工，木屐就又耐穿而且不会滑倒。

学徒立大功

到新复兴就职大约半年后，就以店里学徒的身分立了一件大功。一九二八年秋天，新复兴布行以电报向日本大阪东洋棉花株式会社订购乌羽绒布五箱，因为电文暗码写错，买到手的竟然是“金面”（亮面）布，这种布当时放在布行根本无人问津，只有卖给染房，染成暗蓝色，销往客家村庄。当时台湾人主要穿两种布，“福佬人”穿素面布，“客家人”穿暗缯色（藏青色）的漂染布。客家庄有销路的布匹新复兴也进，但那种布必须先染，再经轮子轧压，全台南市只有张相先生的锦源兴染房及永兴成染房有做。侯雨利先生见到买错布了，大吃一惊，乃派外务员吴丁合先生（侯雨利先生的妻舅）前去锦源兴染房推销。

锦源兴染房在北势街，规模比新复兴大好几倍，所有乌羽绒布都由日本直接进口，一进数十箱，从不在台湾买二手货。

店东张相先生乃布界老前辈，十分威严，吴丁合先生知难却步，反推侯雨利先生自行前往，侯雨利先生亦觉事属不易，不愿去碰钉子，怕自讨没趣。就在大家推来推去，束手无策时，我心里想，推销商品又不是什么可耻的行为，何必畏畏缩缩，如果不成功，不过是空手回来而已，因此自告奋勇，前去一试。

初抵锦源兴染房门口，眼见店面堂皇，店内五六位高级店员正忙着工作，心里有点踌躇，片刻之后，鼓起勇气，直入店内。

“请问相伯仔（年轻同业对张相先生的尊称）在吗？”

大家看见一个小孩子要找老板，稍感惊奇，继而相应不理。我只好重新请问一次，一位年长的店员终于开口：

“你找他干什么？”

“要招（揽）他买布。”

“什么布？”听说我要卖布，立即惊奇地追问。

我将带来的乌羽绒布样本出示，不出所料，店员立即表示：“不要。”我不愿就此空手回去，一再恳求让我晋见老板，其中一位店员上楼请示后，终获特准晋见。

我道过谢后，大胆上楼，见到三四位中年人正在聊天，一面抽着鸦片烟。我先叫一声“相伯仔”，并连声表示打扰各位，其中一位年约四十岁，相貌堂堂的绅士说：“你来干什么？”我恭恭敬敬地说明来意，所获得的回答仍是库存太多，不买。

我并不气馁，继续游说，我说：“相伯仔所说的我都明白，但我是大胆来请相伯仔帮忙的，因为金面乌羽绒布新复兴根本销不出去，五箱布在锦源兴来说不算什么，对初创业不久、规模还小的新复兴却是大数目，所以务请帮忙。”经我一再恳求，他才以半同情的眼光将样布拿过去看，然后说：“这种布跟本行原有的布不太相同，推销上有种种困难，你还是回去另想办法。”

我不愿就此作罢，再三请托，最后他问了：“那些货你们的进口价是多少？”

我将与日本来往的电报呈上，相伯仔看过后表示：“你们买贵了，大约贵了一成，你要卖多少钱？”

我答：“贵一成确有可能，因为我们是初次采购，而且数量少，可能买贵了，至于要卖多少钱，当然最好是照原价加运费，不过，价钱仍由贵行决定好了。”相伯仔稍事沉吟之后，终于照我的要求全部承购下来。

据说相伯仔事后向在场的友好表示：这个孩子将来必定成器。我在完成任务后，自然喜出望外，回店后马上将五箱布运过去，并将货款收回来。侯雨利、吴丁合先生及父亲都感到意外，同时也对我赞誉有加。

一九二九年起，因为从日本直接进口的利润较高，新复兴逐渐增加自日本进口的布匹，但进口多了之后，却碰到船公司不合理栈租的剥削。当时向日本购布的条件是 D/P（付款交单），即向银行缴款后，拿 B/L（提单）向船公司缴纳运费及栈租后提货。船公司的仓库容量有限，为了让货主尽早提货，将栈租以累进方式计算，因此一箱布从大阪运到台南，运费约四五元，栈租却可能因天数拖延而超过十元，十分不合理。为此我只身前去船公司交涉，经与承办人及系主任协商，仅答应减收二成费用，最后我要求见他们的最高主管，系主任表示最高主管是在楼上办公的支店长，但他从不过问这种小事，因此不让我上楼。经我再三请求，才放我上去。

到了楼上，支店长四十来岁，穿西装、打领带，咬着雪茄，派头十足，正在批阅公文，看见一个穿内衣、短裤、拖着旧木屐的乡下小孩上楼，颇觉意外，大声责问上来干什么？我说明来意，他说此事楼下有人承办，你找错地方了，请下楼接洽。我说："楼下的承办人员我已见过，但解决不了问题，才不得不前来打扰，请拨冗让我说明。"他无可奈何地听完之后表示，系主任答应减二成，已经是破例优待，你应该满足才对，绝不能再减。我继续跟他蹉磨了半个小时，请他体恤商艰，他答应再减一成。我的目标是减收七成，只缴三成，而且再三强调缴三成已属昂贵，超过就是不合理。争执历一小时，仍无结果，最后我只好撒出杀手锏：如果贵公司无法答应我的要求，请将原货退回大阪，往返运费及栈租请全部向原货主求偿。支店长至此被击中要害，勉强表示可以减五成缴五成，我仍不同意，最后以减六成缴四成解决。这是就职初期所立的第二功，自然蒙东翁极力嘉奖。

倚对头家

由于我的努力和表现，第二年薪水跳升一倍，每个月六元，年终奖金除了比同事稍多之外，东翁暗地里再赏给一包比正式奖金还多的红包，老板娘乌香姐也秘密给了一包，三重奖赏，合计数可能是同事的三倍以上。第三年，月薪调为十二元，第四年再调升为十八元，第五年起，新复兴因筹设布厂，布行的业务收缩，盈余较少，我也未再调薪。不过前几年的破格升薪，已足够说明东翁对我的爱护提拔。

我在新复兴很长一段时间，从十六岁到二十一岁，有六年之久。进去当团仔工不久，十八岁担任账房，东翁并将最重要的银柜钥匙交给我保管，他及夫人要用钱都向我拿。后来因为设新复兴织布厂，采买、销售和工厂的账，也交给我办理。我像家长的顾问，决策性的事，雨利先生会与我商量，有时看法不相同，原先心平气和地谈，后来彼此声调渐渐提高，最后大声“相嚷”，十次有九次他争不过。他总是不服气地说：“你崇祀的是争辩王！”我说：“是你要找我辩论的，我辩赢了也没什么好处，都是为了你的事啊！不然以后你不要来找我辩。”他会讲：“你爱辩！”我一直跟着雨利先生学做生意，有人说是青出于蓝，他用我是找对人，我跟随他也跟对主，所谓请对“薪罗”，倚对头家（用对下属，跟对上司）。

一九二九年冬，父亲因体弱不堪操劳，向东翁辞职回家静养，一九三〇年春，我十八岁，略谙账务，父亲原来的职务（会计）由我接替。过去东翁往往三更半夜还在覆账，累了就伏在柜台上睡觉，甚少上床安眠，自我接任账房后，从无错误，后来他一看货单是我的手笔，就盖章承认，省掉许多覆账的时间，加上银柜也由我负责，可说信任有加。

一九三〇年秋，东翁第二次赴日采购，由我随行翻译，并当参谋，提供意见。赴日前，东翁在台南荣木西装店订做毛料西服一套，三十元，也替我做了一套（十八元）。我虽然有西装，却没有皮鞋。当时中等皮鞋一双大约四元（我当时月薪十二元），实在舍下得拿出月薪的三分之一买双皮鞋，只好去新营糖厂找堂兄择龙借了一双，但皮鞋不合脚（脚大鞋小），穿着走路，回到旅馆时脚后跟皮破血流，如此却也忍耐着穿了一个多月。此次赴日，更深深体会侯雨利先生的克勤克俭，例如在大阪市到处步行，甚少乘车；走着走着，他会突然停下来，就在路边的空木箱，甚至垃圾箱上排布样，研究花样及颜色。有时累了一天，到晚上我已十分爱困，他会把我从床上叫醒，我说有事明天再说，倒下去又睡，他再次把我拖起床，说："不行啦！没弄清楚，我睡不着。"

一九三二年，新复兴的主要外务员吴丁合先生离职创业，自营新合兴布行。侯雨利先生因吴丁合先生辞职，又认为经营织布厂比开布行好赚，所以开始筹备新复兴织布厂，布行的业务逐渐缩小，并要我兼任外务工作，使我多了一重历练的机会。

织布厂开工后，东翁要我为即将出厂的布取名，我就赋七绝诗一首，做为布名代号：

新设工场制品优
机械装置盖南洲
复换此业谋奇利
兴智经营何日休

这二十八个字完全没有重复，布厂将这二十八字刻成二十八个橡皮印章，依出品顺序盖在商标上作为布名。

我离开新复兴自营新和兴后，接着吴先对先生成为雨利先生的左右手，帮忙他。先对亦头港人，辈份比我低，叫我修身叔，与我同岁；他之后是颜荣，即现在环球水泥总经理颜岫峰之父亲。

新复兴的起伏

民国二十四年时，景气很坏，布行倒闭时有所闻，雨利先生逼得无计可施，便到香港考察。他去那儿，语言不通，只见市面生意欣欣向荣，买东西都好似抢购。他看布市很好，打电话回来要颜荣在台北大买现货，没有的就向日本订购，大量下单。结果一崩便如山倒。原来是这样子的，香港是英国殖民地，与大陆贸易来往受到许多限制，税率很高，所以不论吃的、用的、穿的或布都贵。遇英国国庆，便开放一两个月不课税，这一段时间当地人便趁东西便宜的时候，将能吃的、能用的都买起来。雨利先生去香港，适见这情形，他如有现货就赚钱了，但他是透过台北日商订购，从大阪买货装运的，未能“躬逢其盛”。最后大阪的货由台北运到台南，他销售无门，便退回台北，如此这般数次。日本人来谈，住在延平戏院后面的旅馆。颜荣力有未逮，没办法解决，雨利先生要我去当通译，与日本人交涉。虽然我自己也很忙，雨利先生把我拉下水，他说实在没办法，收了货也没钱付。这实在是大决策，他不是倒人家账，东西仍然还人家，只是订购了不认收，因为香港的生意没有了，无法出货，这是一般生意人都可能发生的。说实在的，订货再退货，不顾信用，要有唾面自干的决断，如果是我可能做不到，这很难为情的。但他的决策情有可原，因为那些货是大陆花色，在台湾无销路，收了要卖也卖不到多少钱，数量又那么多，不退货就只有倒闭一途，要东山再起便难，一生事业恐怕就完了。我去为雨利先生辩护，得罪日人，所以后来金宝春事件发生（详见后述），我去台北日本商行买布，他们不愿意卖，说我任雨利先生的通译，也当他的参谋帮忙他。

香港贸易的重挫使侯雨利先生处境艰难，不过原在抽签巷买的土地、房子、机械和厂房都还在。后来赚钱的契机是中日战争发生，物资缺乏，台湾的布匹不能自给自足，他在战争发生后去神户、大阪，但并非买布回台来卖，而是做仲介经纪（brooker）。雨利先生虽然不懂艰深的日文，但简单的像：“这多少钱？”“太贵了！”“算便宜一点。”这类都会。东翁父亲早逝，幼年失学，只上过两年公学校，长大后到台南学做生意，曾利用晚上到台南第二公学校念夜间补校，这是政府免费提供失学者就读的。多少勉强学了一点；程度不算很好，然足敷买卖之用。

战争时日用品有公定的统制价格，严格而言，当时从事黑市买卖是犯法的。但照公定价格买不到东西，所以都须较高价。高价买卖违反统制价格，但认真讲起来是法律侵犯到人，像那儿本来没有篱笆，围了篱笆说那儿不能过，走那儿本来很近，如此一来得绕路曲曲折折走，你便拆一个洞钻过去。这原来并不碍道德，因为买卖本来就是双方欢喜甘愿，一匹布五元公定价买不到，我们十五元买来，十六元、十八元卖出去。老实的布商照公定价买卖，反而无竞争能力，做黑市买卖比较好赚但“犯法”。日文叫做“中三”，非光明正大、暗地的交易，乃私下、偷偷摸摸不声张的。台北、新竹、彰化去的人有多少，我不知道，台南去的很多，但被逮捕而身亡的也不少。被逮捕后比死更难过，有被追缉坐船逃回时跳海的，有自杀的，死的人不在少数。而雨利先生命大，平安无事回来，所以也算是有福气。他不论是在日人间经纪买卖或为台湾人买布，聪明、胆识与眼光都没话说，实胆、智、才、福均备，也可能他的方法特殊，刑警捉不到。物资管制是平时没有的法律，brooker不是做贼，是法律“侵犯”到人，不是人去犯法。不过这种事业我不敢做，若去做可能就被警察逮捕也说不定。雨利先生做事秘密，也知道我的个性，不会来找我合作赚那种钱，所以说勤、俭、冒险犯难我不如他。他跟我说：“一生中做事，在日本那一年最好赚，一个人就赚了三十万元。”南纺现在这块土地，当时一甲（即二千九百余坪）才卖一千多元，三十万元可买多少甲。他在当时本町的房屋和台南及北门的几百甲鱼塭，都是那时候买的。

战争时雨利先生赴日，工厂没开工，都停摆了，因为买不到棉花、棉纱。新和兴则仍经营，于一九四二年成为台湾纤维制品统制株式会社的代行店。雨利先生回台湾后亦未经营布行，因无处买布,布厂亦无处买纱,故未成代行店。他只请了“长年”（总经理）来管理鱼塭。光复后，机械生锈了，他原要我去重整他的厂房，以重起炉灶。但我无兴趣，故另找人经营织布厂，布行不再经营。那段时期织布厂很赚钱，他原先亲自经营新复兴布厂，一段时期后交翁川配先生负责，所以雨利先生的后半生，川配最清楚。布厂赚钱后，雨利先生来投资我们经营的台北三兴行，成为投资者。

雨利先生很能吃苦，白手起家，生意做得比叔叔、堂兄弟都要大。侯调先生忠厚而有情义，是很值得尊敬的人，但生意的招数比侯雨利先生差很多。雨利先生有现代企业头脑，认为事业成功与否端赖经营者，故用人最重要。晚期雨利先生不只是经营者，直接、间接投资的事业不胜枚举，主要的像南纺、环泥、中国人纤、华隆、味王等公司，事业非常成功，直到海利事件，被永松（二儿子）拖累。

海利事件

侯雨利先生有两个儿子，长子侯永都个性内向保守，在台南纺织担任副总经理：次子永松活泼外向，事业心强，独资经营中兴海洋与海利企业，后来因周转不灵，发生财务危机。

一九八五年五月，我的元配莲樵过世，六月海利事件发生，雨利哥起先不敢让我知道，直到莲樵后事办完，他才告诉我实情。当时李登辉“副总统”交代省主席邱创焕先生来找我，说此事要好好处理。我原先希望海利事件不要弄得不可收拾，因此费了不少心神来帮忙维持弥补，希求圆满解抉。原先要组织一个公司来吸收中兴、海利之债务与财产，找了台南帮各关系企业集资五亿来接手，请颜岫峰任董事长，仍让永松任总经理，参与经营，但不能过问公司的财务。可是永松不甘愿一个月只领十几、二十万元的薪水，不能挥霍，于是去跟二姐夫颜岫峰说：“你真不知利害关系，海洋事业经营不易喔！若船员要打你的算盘，你就吃不消了。你太傻了！”这样子赶他离开，打算自己当董事长兼总经理，岫峰也退缩了。但如此一来，关系企业的人就不愿意投资了。后来又重新组织，比照南纺，三连叔任董事长，我任副董事长，找南纺总经理郑高辉当总经理。郑高辉起初不愿意，我再三劝说，他说：“要我当总经理，须集资七亿。”高辉认为五亿不够。增加的二亿去哪里找呢？在台北开会商量，请三连叔主持，会议中主要是我在说话。我说：“这两亿由永都负责呀！”永都面有难色，说：“我没有现金，拿台南的土地抵押，由南纺出钱，算我向南纺借。”我说：“可以呀！”于是决定集资七亿由郑高辉管此事。他回去告诉母亲，他妈妈说：“你不要去扛这个担子。”次晨打电话到台北找我，也打到家里两次，我那时还在由台北回家的路上。到第三次找到我了，她说：“你若要叫辉仔去‘舞这款代志’（接烫手山芋），做总经理，我连南纺的总经理也要叫他辞掉。”后来三连叔说：“这件事我不管了，到此为止。”因为太乱了，如是忙了二次，实在无人可担此重任，结果事情无法收场，不然我想是可以解决，接手过来仍可经营，不会亏本，也不至于留一个倒闭的恶名。后来要解决债务很是麻烦，多靠翁川配先生奔走设法。

翁川配鼎力相助

翁川配先生是雨利先生的关门弟子，他亦头港人，国校毕业，与高清愿同年，现为恰华、佳和、怡中三实业公司的董事长。他与侯家有亲戚关系，吴丁合父亲早逝，家中只有大姐吴乌香与二姐吴柴及他，大姐后来嫁给侯雨利先生。翁川配的阿公有一大堆孩子，太太过世后，在外佣工，家中乏人照顾，后与吴丁合的母亲结合，二家子女成为异姓兄弟姐妹，因此吴丁合与翁川配的父亲翁郁变成兄弟，吴乌香算是翁川配的姑姑，侯雨利就是姑丈了。雨利先生收过的徒弟也有好几个，帮忙事务则以我最早，翁川配先生是雨利先生最后一个徒弟。翁父不识字，为雨利先生请来染纱，翁川配先生学甲国民学校高等科毕业后到新复兴，当时布行已结束了，从布厂学起。我谬承东翁器重，说是百余人中最优秀的，依我看翁川配先生更胜我一筹，诚后生可畏。原先只知道他很会做事，经过海利善后一事，方知他为能人。

新市乡的佳和实业是制造一种叫“ギンガム”的布，染纱再做四角花，因为技术精密无法大量生产。原是日本纱业的西胁称霸全日、独步全球，翁川配他用头脑，以心智做出此种花布，并且能大规模生产，很不得了。日本人由攻击、压抑，经十余年后投降，求彼此共存共荣，现在可说是佳和称霸了。翁川配当年与蔡克宽共营和信兴失败，被拖下去，却能东山再起，换成别人恐怕就不行了。除佳和、恰华外，他亦经营染料买卖及房地产。

海利企业董事长是侯永松，借债担保人是雨利先生，中兴海洋董事长是雨利先生，要解决海利事件，得由侯家拿钱出来，但雨利先生在一九八一年析产予子，自己名下已无财产了。且永都、永松又早已分家，没有金钱往来，所以要说服侯家出面解决很难，最后都是由翁川配去劝说的。他每每在晚饭后才去侯家谈，一讲讲到十一二点，我八点钟便已就寝，无法帮忙。他还很客气谦虚地说："我只是出嘴巴说服，你得以你的影响力去影响老东家和永都。"所以很令人称服，我很敬重他，他很尊敬我，邱创焕先生也很赏识他。

海利事件当时负债约共二十亿。主要债权人有花旗银行、第一银行和民间借贷。当时有党外的省议员硬要将矛头指向梁国树，说一银图利海利企业，梁国树当时是第一银行的董事长，后任彰银、交银董事长。他虽是雨利先生的女婿，但他在一银董事长任内一直未肯通融永松的贷款申请。根据纪录，在他召开的会议中都未通过，后来他出国期间由常务董事陈启清代理，才通过海利的借款案。但他仍负责，一天不知道要打多少电话给翁川配，最后如何分期付款解决一银债务的条件也是翁川配去谈妥，不然受连累，所以梁国树很感谢他。

海利与中兴海洋来往的外商银行中，以花旗银行债额最高，因此成为外商银行的讨债代表。一般工商业融资均为一年期的短期借款，海利事件发生后，花旗来谈，要求台南帮为海利解决债务，否则以抽银根为要胁；一些与海利没有债务关系，而与台南帮有来往的外商银行则表示，你们不能帮海利还债，否则我们中止借贷关系。外商银行可说落井下石，当时南纺、统一、三新、南帝、南允、太子建设均受波及，一时资金调度困难。危机是靠台南帮本身尽量收束渡过的，加上台银、合库等国内银行多少有所帮助，我们将原来抵押在外商银行的担保品取回，移转向国内银行抵押贷款，也解决了一部份问题。此一资金危机前后大约一年，刚好那一年纺织业也不景气，到一九八六年及一九八七年，景气甚好，台南帮各关系企业幸而均未因此而有倒闭者。

银行的债务其实有担保不怕亏损，最后也都解决了。雨利先生背书保证的部份，由永都拿钱出来处理，即永都负责父亲的背书。民间的无一律方法，侯家自己出面，或三折或五折偿还。后来雨利先生、永都均过世，永松说没钱，债权人也没办法，所以很多债务是不了了之。像海利向台北统一租赁公司申请借五千万，我和尊贤当时是统一租赁的副董，因为公司在台北，问尊贤较方便，一问之下，海利的保证人是侯雨利先生，那还有问题吗？结果也没要回半针半凿。后来统一租赁经营困难，此事关系甚大。

南纺有位职员李进知出去创业，到台北当统一的经销商。海利、中兴海洋的船员出海，去那儿搬统一面等吃的、用的，开了一张二十余万的支票，结果也没要回来。一万个李进知加起来也没有一个侯雨利的财产，怎么想也想不到，李进知会被侯雨利倒账，伙计被大老板倒账，真令人啼笑皆非。

侯雨利家族

雨利哥因都在外忙碌，子女的教育全交给乌香姐，她管教孩子很严格，不过孩子本身的个性影响较大，永都、永松一起，一样那么教，差别很大。记得我在新复兴时，雨利哥长女榭榴才八岁。永都六岁、金柑三岁；之后为玉嫌，再为金英，她名字还是我取的呢！当时重男轻女观念十分普遍，侯雨利夫妇也不例外。三女儿玉嫌原名“阿嫌”，即“嫌弃”之意：金英出生时，乌香姐说就取名“吓仔”（意为“不要”），要我去户政事务所报户口，我说“吓仔”太难听，建议改个名字，乌香姐没好气地对我说：“叫你去报户口就去，少啰嗦！”我到了户政事务所，仍觉不妥，就擅自作主，以“金英”之名填报。不过金英小时候大家仍叫她“吓仔”，上小学后，学校老师第一次来作家庭访问，进门后说要找“金英”，乌香姐马上答说，没这个人，适金英从屋内出来，老师指着她说：喏，就是她！乌香姐还说，这是“吓仔”呀！实在有趣。永松好像是我离开新复兴后才出生的。乌香姐的四女如今各有所成，榭榴是日本东京共立大学药学士，嫁给主持联合外科诊所的黄金岱先生。金柑高中毕业，婿颜岫峰先生为环泥总经理、国际纺织公司董事长。玉嫌亦高中毕业，婿陈国振先生原为南纺副总，后在台中经营纱厂，他的阿公是高雄陈中和的老板，亦大富人家。金英台大经济系、所毕业后，赴笈美国，毕业于范登堡大学，取得硕士学位。婿梁国树先生之博士学位亦在同校取得，目前（一九九二年）仍为交通银行董事长。

雨利哥娶二房秀云，乌香姐为她改名叫“知仔”。一年后我就离开新复兴，自己创业，所以比较不了解她，且二房都在台北，没有什么来往，小孩子我也不熟，不大认得。只有在雨利哥的寿宴上，他们会来敬酒寒暄："修身舅！"如何如何的。大房、二房住在一起的时间很短，只有两三年，那是二房未搬去台北之前，时当战时"疏开"（疏散），因民权路的房子烧毁了，便搬至二房那儿一起住，在新复兴织布厂附近，民权路的房子修建好后便分开住了，不久二房搬到台北。二房的小孩教育比较参差，幼女学历最好，念台大。

平心而论，侯雨利先生的优点是很勤俭、擅经营，对台南帮的贡献不可磨灭，对国家社会言，赚钱纳税，经营事业提供就业机会，有他的布店我才能去当团仔工的。可惜太重视钱财，若能像他太太吴乌香女士那样布施，名声就不一样，不要有中兴、海利事件多好呢！只可惜乌香姐太早走了，六十七岁便逝世。她大我十二岁，刚好一轮，我们均肖牛；雨利哥则大我十三岁。有一次我去雨利先生家，他对乌香姐说："我是躲起来，深恐人家知道我，你却是自己站出去，让人家知道。"所以乌香姐出殡的时候，很多我们不认识的人来送她，哭得很厉害。因为以前大家贫困，生病没钱看医生，都曾得到她的帮助和救济，生前做了不少善事。乌香姐在世时有相当的决定权，若让她活到九十岁，中兴、海利事件必会好好处理，她绝不会落人口实的。

永都小我十岁，他叫我舅仔，我们在一起的时间有六十一年。战争前他去日本念大学，念到一半，战争发生，怕被征夫，逃回来，住在我家。光复后帮忙新复兴布厂的生意，到一九五五年台南纺织成立，他担任副总经理，襄办财务，办公室在一起，便常常过来天南地北地闲聊。

永都很善良，生在富豪人家，不过一辈子都很节俭。侯雨利先生的节俭出了名，他比他父亲更节俭。每当有赞助乐捐之事时，我告诉他说："永都啊！有这个要赞助，你出多少啊？"他讲："修身舅啊！我比照你。"认真讲起来，论财产他是我的好几十倍，怎么比照我的乐捐额呢！我想这是乐捐嘛！永都表面上说是跟我，不然不好意思，心里说不定心疼得很，而不乐之捐的钱也不好收啊！不过他已算不错了，他父亲就没那么容易说话，雨利先生看钱很重，钱不舍得随便用掉这点，永都似深得父亲的遗传，但他很听我的话。永都人很"古意"，他不会想要占人便宜，也不让人家占他便宜。而且我时常跟他讲："人在世间上，若穷而人说'横草不拿，直草不捡'已很好了，但若富有，当然不可去占人便宜，多少让人占点便宜，人家才不会说话。"可惜永都早逝，不然可做些公益事业的。雨利先生的公祭是我主持的，当时我没哭：永都公祭时仍由我主祭，我泪下如雨，实在很可怜啊！大家都没想到他会那么早逝。

永都有三个儿子，老大博义、老二博裕负责经营新复兴实业（专门织蕾丝布料），老三博明在南纺上班，三个小孩都不错，对父亲留下的基业颇能维持。

六、婚姻与家庭

媒妁之言

我在新复兴时，台南市内很多小姐的父母想来说媒，不过没有直接跟我说，只是对乌香姐讲。乌香姐很反对娶台南都市的小姐，她常说："咱草地人，娶市内的，赚的钱还不够供她抹粉呢！"住新复兴后面一位斗伯仔，常生病，很少出门，我没见过，斗姆仔则常在新复兴店门口等卖菜、卖鱼的担子来叫卖。乌香姐曾跟家父提起，斗姆仔跟她说过："我两个女儿，随你们修身仔拣，看要哪一个。"她两个女儿都念省立女中，当时能念省女中的很少。乌香姐与斗姆仔很要好，但不敢让斗姆仔知道她反对我们娶市内小姐，她说市内小姐奢华，我们乡下人节俭，不相配。

我只知道斗伯仔大女儿坤仔，可能大我一岁吧！二女儿水生较漂亮，小我两三岁。过去我们从没说过话，只有她们上学时从店门口走过，见过面而已。阿坤嫁人，先生亦叫阿坤，所以后来我们讲起，都得分"查甫坤"、"查某坤"。年轻时我跟阿坤仔连招呼也不曾打过一次，只是我看着她在巷口出出入入，她也知道我是新复兴的职员。没想到几十年后，她突然来找我帮忙，说儿子被人找去赌大家乐或六合彩，积欠赌债，人家上门要债，扬言不还的话要杀死他。我问她欠多少钱？说是欠十万元。我看她是走投无路，否则不会来找我。三连叔常说，朋友或有人要借什么，不能全部帮他，也不能不帮，出一半力最好。所以我给了五万，她要写借据，我说不必写。现在先写了，没能还我时徒增烦恼，有钱可以还的话，不必写也会还我。

我的大太太赖莲樵是学甲同乡，靠媒妁之言订的亲事。丈人赖华先生住在学甲镇上，慈济宫之南，兄弟三人均系屠户，贩卖猪肉为业。我丈人的哥哥在学甲街上卖猪肉，他自己的肉砧则设在中洲。我十五岁至中洲陈远先生的庆美饼店工作，饼店与肉砧只有一小段距离，稍微大声叫喊，声息相闻，那时他便认识我了。我在侯雨利先生处工作，从台南回家里或雨利先生叫我往北部收账，我骑脚踏车经过他的肉砧时，都会花五毛钱买个猪肚，回家用枸杞炖，因为父亲的胃不好，吃猪肚可以补一补。其实我还没去陈远先生的饼店工作前，在小时候念书那阵子，父亲就常叫我去赖华先生的肉砧光顾。丈人请的一个伙计邱文可先生，岁数与父亲相同，但由于他母亲是我们吴姓宗族，我们称呼她为姐，因此邱文可论辈份得叫我舅舅。

我二十一岁时，赖华先生差邱文可来说媒，这是第一个来说媒的，邱文可称父亲为克读叔公，父亲因为他是自己亲戚，可以信赖，又听说女方女德甚好，没几日便下聘“送订”了。

当时的学甲庄流行一句话:“九万二十一千”，意思是说当地人财产逾千元者有二十一人，逾万元者只有九个，赖华先生三兄弟财产合计超过五万元，可说是镇上的富有人家。我家当时是负债千元的贫户，父亲大概是想，能与有钱人家结姻亲，若有急需，也好周转，何况对方女德甚好，又不嫌我们贫寒，惟恐日久又生变化，所以才会急于送聘订亲。

我在此之前从未见过赖华先生的千金，心想应见个面才订婚。当时大约只有十分之二、三的人经由相亲，大多数仅凭媒妁之言。丈人一家保守得很，反对先相亲，说:“我们嫁了几个女儿，从没有相亲的。”所以来说媒后，我曾想去偷看。我太太她家在学甲街上，离我大妗（大舅妈）家不远，我大舅早逝，表兄陈旺是布贩，他说:“你若要看她，那容易，我在卖布，与我一起去佯做卖布，到时我一作声，她们会出来看布，你就可以探知了。”但她们似乎事先知道，没出来，反而是我被她堂兄看走了。因为一个卖布的带了个人，我当时在台南工作，衣着与草地人不大相同，马上引人注意。我们没偷看到，反而她堂兄赖诰听说后到表兄家来，把我端详的一清二楚，还被他口试了很久。

我原想见过女方再说，没想到尚未见着，父亲就做主订亲了。这点我起初反对，跟母亲说:“女方我没见过，怎么能订亲呢？”

“你父亲探听过，女方很好啊！”

终身大事怎么能这样呢？“好不好应该由我决定！是我要

娶啊！”

母亲说：“只怕你没本事，否则要三妻四妾都有。”

父亲硬是作主，我一度打算离家出走，好让对方父母取消订亲的念头。想来想去，无计可施，我回台南后，去开基武庙向关帝爷公上香求签。这是生平第一次抽签，签诗是：

才发君心天已知，
何须问我决狐疑，
愿子改途从孝悌，
不愁家室不相宜。

读毕签文，悚然心惊，关帝爷公这么神准，恰似活人在指点一般。心想我离家父母必忧心，签诗明明白白指示我应该以顺为孝，因此决定接受这门亲事。

二太太昭美是仁德乡人，初中毕业。南纺成立后，第一次招考女作业员五十名，她以第一名录取。后来派去新台湾纺织实习，成绩很优秀。

莲樵生有五女二男，昭美育有二子，兄弟姐妹无分长幼，感情很好。平治念哈佛那个儿子还年幼时，我与昭美离开美国回台湾，他偎在姨婆身上，缠着说：“我不让你回去啦！”我们一家很和谐圆满。

挑媳妇与找女婿

儿女们当然相亲，与我们的年代差几十年了。老大平治没自由恋爱，可能人“古意”，经人做媒，与黄素美相亲，一次就成，而且长媳的母亲与莲樵是表姐妹，原有亲戚关系。老二平原则相了三次亲才成功。第一次与洪寿南先生的五千金相亲，惜无缘。第二次是台南林家，医生林全忠先生的千金，平原满意，那边双亲也很喜爱，我以为大概有八成希望。小姐在台大念书，平原赴美，所以没联络，她毕业后也去美国念书，很优秀，原在美东学校申请到奖学金，父母考虑人地生疏太远，她哥哥在旧金山有事业，因此没让她去东部，而至旧金山，平原是在洛杉矶。我以为次年暑假回来可以请喝喜酒了，后来才知道两人的交往经过，头先一星期一封信，后来二星期一封，再来一个月一封，最后变成没通音讯。实情是女方父母亲不知她有意中人，只是热心促成她与平原交往，她起初还应付着，去美国后就疏远了。

洪寿南先生以前是台南高等法院院长，平原南一中毕业那年，我是家长会委员，他则以贵宾身分受邀，一起出席毕业典礼，我们原就认识，在台上比邻而坐。平原当年是第一名毕业保送台大，奖状奖品都由他出来代表领取，洪寿南先生问说：“这是谁家小孩，怎么每样每项都出来领奖？”我说：“这是小犬。”那年他即有意做亲家了，五千金未做成，后来与林医生千金相亲他也知道。有一天洪寿南先生找我，说想来参观可口公司，我答应了。归途他问平原暑假回来不就要请喝喜酒了吗？我说没有啊！两三个月前通电话说是分开了。他说那么要不要跟他的六千金认识认识，看是否有缘？结果两人就这样认识结婚。

老三建德尚未成家，老四威德没有相亲，与高雄陈启川先生的孙女因其姑姑介绍而认识交往。

台南帮有一个普遍的看法，选任有能力的人让他来做事；没有能力的，即使是自己的儿子、宗族、亲戚、兄弟或朋友，也不应占据位置。我们尽量避免子承父业的想法，三连叔如此，我也是。我的长子平治在美国负责美国统一，清愿曾想找他回来，统一的副总林苍生也想平治的学历比较高，一定是平治继任统一的总经理，但我说：“不！”要如此人才方有出路，若自己人占光了位置，怎么行得通呢！美国万通银行是私人投资，与统一不同，总裁吴澧培先生兼任董事长，平治是副董，平原为执行董事；主要的资金来自我、尊贤、俊杰和其他自己人。原由一位金姓美国人任总裁，经营不善亏损，换吴先生后营运很好，已有十余年了。建德任美国统一地产公司执行副总裁，是我和统一公司、太子建设等有兴趣的人一起投资的。威德还在念书，南加州大学数学博士候选人，现为精算师三级，毕业后看看是教书或去人寿保险公司任职。我的看法是由子女自己随个性去发挥、去努力，不能因情昧理。大家来公司工作，每个人都想上进，如果我安排自己的人，公司中有能力的人就没机会往上爬了。所以我说公司不是董事长或总经理的公司，而是众股东的公司，按理要选能为股东做事的总经理，如此股东才能蒙利。

我有四个儿子，五个女儿，子、媳、女、婿排序如下：

长女吴如玉：台南家职高级部毕业

长婿蒋福铭：台大经济系毕业

二女吴绢：静宜女大外文系毕业

二婿庄南田：台大农艺系硕士

三女吴淑女：东京家政大学营养系毕业

三婿陈昭雄：日本庆应大学医学博士

四女吴清美：淡江大学外文系毕业

四婿张信雄：政治大学企管硕士

长子吴平治：台大化工系、美国南加大化工暨工业工程硕士

长媳黄素美：政治大学公共行政系毕业

次子吴平原：台大数学系、南加大数学博士

次媳洪琼惠：台大商学系毕业

五女吴淑贞：政治大学哲学系毕业

五婿邱智正：台北医学院医学系毕业

三子吴建德：美国诺斯普司大学会计硕士

四子吴威德：中央大学数学系、南加大数学博士候选人

五个女儿都是经由相亲介绍之后结婚，并非我们限制她们

不能自由恋爱，而是恰好自己都没有找到对象。我选择媳妇女婿，有三个原则，第一要身体健康，家世清白；第二学业有成，男女双方学历可相匹配；第三，不与大官或富豪之家结姻亲。平原娶洪寿南先生之女，勉强可算与大官结亲家，但这是洪资政自己来说媒的。不与有钱人或大生意人结亲家，主要是考虑生意人难免要周转资金，向银行借钱要找保人，若成了亲家，他来找你作保，答应嘛，十分为难，不答应嘛，实在伤感情。由于不与作事业的人（资本家）结亲家，因此挑女婿时绝未考虑将来能否继承事业。

长女如玉嫁给蒋福铭。福铭是台南市府城人，台大经济系毕业，品学兼优，家世清白。福铭的父亲是个打这金饰的师傅，自己在家里做代工，通常作熟人的生意，银楼有时也请他帮忙，靠工钱收入维持家计。次女吴绢嫁给庄南田，南田是台南县麻豆人，父亲是麻豆港仔尾拿锄头的耕农。三女婿陈昭雄，父亲是云林县斗六镇公所的公务员。淑女与昭雄的亲事，是台南市忠义路我们住家对面养生医院杨元翰先生女婿陈俊雄（前台南医院副院长）做的媒。昭雄专攻妇产科，目前在日本开业。四女婿张信雄是台南县后壁乡的草地人，父亲是铁路工人，也种点田。五女婿邱智正台北医学院毕业后赴美，邱亲家是麻豆的眼科医生。

七、创业自立：新和兴时期（一）

合伙创业

一九三〇年，我十八岁，向父亲建议筹措百元资金，回学甲经营布行，由他负责看顾店口（他身体不好），我可以骑脚踏车至附近村落兜售，父亲反对。他说乡村间的生意不好做，周转不易，因农家一整年没钱，收成了才有钱，年尾才能算账，多数交易得赊欠。若欠账讨不回来，不能还顶手（批发商），店就开不成了，即俗语说的："无赊不成店，赊了店不成。"父亲生性比较保守，常教训我说："孔明一生惟谨慎。"后来新和兴初创不久，我主张去日本采购、增设台北分店，他均反对。我在二十一岁那年的年底结婚，之后我说要不然招募亲戚来组织一家布行，才得到父亲首肯，筹设新和兴。当时的公司一股多少钱，随人自订，有人是一股一百元，我们是一股五百元，原想募十股，但无法募足，只得九股四千五百元。当时黄金一两五十元，一股刚好值十两。尊贤二股（即三伯父克章公的部份）是以土地盐分改良的名义抵押贷款一千元，因银行不随便借钱的。我们父子和四位堂兄弟（当时尚未分家）认三股，其中二股也是以土地盐分改良名义贷款的，另五百元是我自己节俭上民间互助会收尾会的储蓄。岳家有点钱，岳父赖华公认一股五百元，拙荆莲樵认一股，系嫁妆中的现金三百元，金钗首饰卖了一百余元，凑一凑四百多元，少的几十块钱后来以在布行洗衣、煮饭服务所得薪水补足。另外堂姐夫王金长先生一股。九叔章兴公的一股，系将塭仔内马车店的周转金暂拨三百余元拿来投资。

新和兴布行认股四千五百元，实收款四千三百元，而且章兴公的三百余元，几个月内又陆续提回，还款予金源合铁工场、瓤彩木料行，故实际资金不足四千元。经营批发的布行资金少一点的三千元也有，新和兴四千五百元的资金，规模算中等。侯基先生的老店，财产十余万，运用于布行可赊欠周转的大概一万元至一万五千元。新和兴的人手包括：父亲负责记账，我采购，尊贤南北各地出张，拿样本去卖，主外务；俊杰是总务，表弟庄升如跑银行、载运布匹等。至战争结束，店里主要是这几个人。民国二十五年搬到民权路，多请了一个人做店口的零售。

开业之初，我二十一岁，尊贤十八岁。我在侯雨利先生的新复兴行工作多年，与台北的顶手都熟识，但初创事业，信用尚未建立，第一次北上采购时，父亲请新复发布行的老板侯基先生一起去，由他保证我们的为替手形（期票）有信用、很安全，或者就用他的为替手形。侯基翁在布界信誉极佳，故一切顺利。开业后，在商工银行台南支店设口座（开户），拜托侯基、侯雨利先生二人任保证人，核定割引的额度为五千元。日据时代所称割引，今名贴现。布匹买卖交易时，买方通常开立“为替手形”，即期票，在一百天或六十天后付钱，卖方将期票拿到银行可以贴现。例如你是卖方，拿了一百张期票，行员翻看几次后，将他认为比较可靠有信用的拿起来，其余的还你。这些期票的面值扣去入帐前的利息，就是银行可以先行付现的钱。若届时期票未进账，银行首先会找发为替手形的人，若不能解决，才会来找你，若你也无法补账的话，就找保证人。所以割引需有保证人，就像现今支票背书一样。不过保证人的风险很小，因为银行最重安全，会先查核。侯基、侯雨利先生一直担任我们的保证人，这份人情我是铭记在心的。

客人有时也有跳票的情事，不见得是要倒账，往往是拖几天，像四、五、六月梅雨季，若连日霪雨，刚好来买布的客人少，小卖店（零售商）就没办法缴纳他所开出的为替手形。一拖延下来，银行会打电话来找我们，告知屏东恒春哪一家没缴，我们便赶紧去补账，不缴信用就丧失了。而且除非零售商倒闭，我们也跟着倒闭，才会连累到保证人。且银行事前也会查核布行信用才收为替手形，所以保证人的风险不高。例如金宝春事件，倒了三千余元的一大笔款项，我们仍是自己去银行补账，不敢累及保证人。

金宝春倒账事件

金宝春是东港的一家小卖布店，新和兴开业第二年就被他倒了三千余元的账，真是一大劫数。我平常除了到台北、彰化采购外，在店中任掌柜，由尊贤负责外务。他到东港推销，寄了金宝春的订货传票回来，先父认为金宝春的买价不错，所订购的又都是我们压仓的布，打算出货。起先我不愿出货，原因是早在雨利先生处工作时，我就知道金宝春即有信用不良的纪录。我的师兄吴丁合担任新复兴外务，去金宝春收账，要不到钱，为替手形到期了，收不到款，改用小切手（日本人称邮票为“切手”，支票为“小切手”，支票比较大张，却叫小切手，真是有趣），届时又收不到钱。新复兴收账的工作后来由我接手，东港的布店五六家，我先到别处各家办好事了，才去找金宝春的店东庄盛七，他表示没钱：

“唉呀！我的钱都被人家收账收走了。”

我就停在他店里帮忙卖布，卖十元收十元入账，卖二十元收二十元入账。这样子他还不大愿意，说：

“你没有拿布来卖给我，只是收钱，那我要怎么过呢？”

我说：“庄先生，不对耶！这些钱是你以前欠的，那些布你已经卖掉了，并不是没钱啊！卖了应有的。前账先理清楚，以后的再说啊！”如此他却不愿意。这样子的人怎能往来做生意呢？他人很老实，但是富家子弟出身，不会做生意。尊贤是由其新复发的师兄庄新宇带去金宝春推销的。我主张绝不出货，父亲跟我意见相反，撑着病体还要实地去调查。我说不明究里才需要调查，金宝春我太了解了。结果父亲还是去调查，找到一家福记布行的福伯仔，他与金宝春的庄盛七是亲戚。他说："七仔因为人'古意'，又是富家子弟，做生意会'歹势'（不好意思）。有人来买布，加起来共五十元，人家告诉他身上只有二十元，另外的三十元若可以赊欠的话，就全买，他答应了，就记三十元帐。时日一久，人家不来还钱，他指望人家自己来还，也不敢去讨债，所以都让别人欠着。"福伯最后说："七仔是老实人，拖欠是有的，倒账则不至于。"

前面的十句说词都实在，最后一句"不会倒"则过甚其词。而我父亲心想只要不会倒账就没关系，何况卖他的货色是不流行的货底，因此还是决定卖他，最后被拖欠三千余元。当时全台湾都有金宝春的债主，欠彰化地区布行的债款以万元计。债主纷纷上门，庄盛七自己跑到台东，有人心地不好，强行拿走他店里的布，我们去到店里，只余下零星几匹布，不值二三十元！大家不甘愿，请刑事追查，还多花钱住守东港旅馆，结果一文也没要回来。这是我一生中的大事，因为当时没有钱，自己的本钱共只四千多元，就被他欠了三千余元，比现在被倒账几亿元还严重。

金宝春事件后，新和兴资本一时蚀尽，股东之一的堂姊夫王金长失去信心，要求退股。我说资本已经亏空，无资本可撤回，不能应命。他甚为不悦，说："商行亏本是亏债主，那有亏股东之理，俗话不是说'倒行吃一世人'（商行倒闭，行东反而吃一辈子）吗？"这近于恶性倒闭，与我理解的经商之道不合。堂姊夫要求撤资不成，后来私下想将股份转卖给我的四姑母吴即（三伯父吴克章的妹妹，即表弟庄升如的母亲），我说不可以。一边是二姊夫，一边是四姑母，都是自己人，而股本实际上已经亏空，买卖等于是空壳子，所以坚决反对。二姊夫因此对我更加不满，他认为原先他想抽手，我不答应，这情有可原，现在有人愿意接收他的股份，我还是反对，无异是要他平白亏损五百元。他因此责怪我是不能"参详"（商量）的人。

我跟买主（四姑母）说那个股份亏损了，他们不相信。我认为在这种情况下卖掉股份等于骗人，骗人总是不好，何况是自己的四姑母呢！后来新和兴鸿图大展赚了钱，四姑母没有赚到，责怪我不让他们接手。我解释说当时是空壳，股本都亏光了，因对外不敢发表，连亲戚也不知道。她说："不是啊！人家投资布行，赚了是股东分钱，亏了是欠顶手。我们投资过一家布行，开始几年赚钱，年终皆有分红，后来亏钱是亏顶手，股东的本钱也是都拿回来的啊！"所以她才敢买那股份。我的想法是那样子不行，我也不愿意那么做。幸好后来新和兴重组，他们也都投资了。

实际上，"金宝春"以及其他零零星星的倒账合计约有五千元左右，资本已全部亏空，新和兴布行岌岌可危，而创业时大部份股东都已倾全力投资，除岳父赖华公犹有资力外，其他股东实已无力再增资拯救新和兴，因此我早有心理准备，但不是准备倒闭，而是准备如何继续经营下去。

愈挫愈勇

同业新复茂商行（三弟俊杰曾在该行服务）店主侯排先生为表示关心，打电话叫我去问："你有没有好好准备？"我假装不明其意，反问准备什么？他甚觉惊讶，因为同业间都认为我是一位很聪明的青年，怎么连此话也不能了解？侯排先生乃再说："金宝春事件，银行界、布界以及各债主都已风闻，若不及时准备（倒闭整理之意），再慢一步就来不及，而且还会拖累亲戚朋友。"我郑重地说："多谢排兄关怀，我早有心理准备，但不是准备倒闭，而是准备如何继续经营下去，万一支持不住，则倾家荡产在所不惜，如犹有不足，愿做牛做马来清偿债务，绝不辜负债权人一分一厘，因为人可以死，而人格不可以亡，人死或可再转世，人格一亡则万劫难复矣。"侯排先生大感意外地说："好、好！祝你成功！"我也于道谢后回店。

金宝春事件后，再往台北采购，首先拜访的是星加商行（在今之甘谷街），星加商行是新和兴布行最大的债主，由少爷星加氏（老星加氏已年迈不管事）及业务负责人戴锦川先生接待我，成交了一批数目相当大的生意。虽然成交前尚无异状，但订约单写好后，星加氏却邀我往后面的仓库恳谈，他说在台湾的众多顾客中，他认为我是最可靠的一位，所以虽然倒风炽烈（当时全省布行、布店大约倒了七八成左右），他对我仍然不失信心，但为防万一，希望此后每买一百元，为替手形开一百零三元，多出的三元，由星加代为保管，待一段时间过后再全数退还新和兴。

我说："如此交易，新和兴的财务益增困难，必倒无疑。按理新和兴有困难，该由星加支援新和兴一笔资金，待新和兴度过难关后再还星加才是。"然后我坦白向他说明实情：新和兴的原始资金是四千五百元，加上第一年盈余五百元共五千元，第二年全省布行大部份都有亏损，新和兴则没有盈余，也没有亏损，但被"金宝春"倒了三千余元，现在的库存及应收账款（只可靠者）共约五万元，新和兴向银行及民间的借款以及应付顶手的货款也共约五万元（其中星加商行约占四成，二万元左右），虽无剩余亦无不足。我们父子四人与表弟庄升如君共五人做事认真，省吃俭用，论费用与效率，我们可说是"事"半而"功"倍，贵行想继续做生意，必须在全省各地找几家代理批发的行号，在台南除了新和兴以外，应无第二家更好的对象，事实如此，是进是退请明决。星加氏大概是被我的诚恳感动，立刻决定照旧继续交易。

然后再访全省最大的布类大贸易商日进商会（全省布界的排名：第一日进、第二菊元、第三星加、第四盛进，日进商会在台北市本町——今之重庆南路），由总负责人砂川氏及副总负责人船越氏二人接待我。刚开始由砂川氏问些南部的商情后，有事先离开。继由船越氏与我单独洽谈，但他始终不开价，只说日进商会被客户倒账非常惨重，会社重役（大股东及高级干部）都由日本来台讨论此后进退方针，无心做生意，请暂等一段时期再说。我说：重役来台讨论今后进退方针是一回事，但现有的库存总不能不卖，花色类现在不卖，再过一段时期则非大打折扣不可，如此岂不更惨！船越氏被我逼得只好照实说："我们日进商会评分最高的客户，如台北市昭 × 商行、彰化市南 × 商行、台南市新 × 兴商行、高雄市江 × 商行都先后倒闭，你们新和兴商行是我们排名次高的客户，最高分者无一幸免，我们方寸已乱，暂时无心做生意，请过一阵子再说。"

我于是说："那么我们来现金交易好了。"船越氏说："你说笑话，新和兴现在要将旧债按期还清恐怕已不容易，何来现金交易？"我就不客气地说："你们评定最高分的客户全部倒闭，你就认为新和兴布行也会倒，那是你有眼无珠，认错了人，除非吴修齐这个人死亡，否则，就是你们日进商会倒了，新和兴也绝不会倒，因为吴某人健在一天，就不让新和兴倒下去。"他听我说日进商会"倒闭"，就大发雷霆："你说什么？"我说："我的意思是——对不起，即使你们日进商会倒了，新和兴布行也绝对不倒，更是绝对不会倒。"他大声，我也大声，砂川氏看情形不对，马上前来打圆场才息事。当时船越氏之所以如此蛮不讲理，有几个原因：

一、日本人有优越感，轻视台湾人。

二、日进商会是台湾规模最大的布类贸易商，而且是新和兴布行的第二大债主，当时新和兴布行约欠日进商会一万五千元左右。

三、吃了太多倒账，无法向重役交代，心情不佳所致。

经此舌战后不欢而散，后来新和兴布行欠日进的旧债百分之百按期还清。

约一年后，新和兴业务蒸蒸日上，日进商会派岩崎氏、星尾氏、小川氏（小川氏在日进商会的资历高居第三位，还有相当好的后台）前来道歉，请求重修旧好，三位都被我以“你们对新和兴布行的估计错误，恐怕惊魂未定吧！是否等待一段时期后再说”婉拒。不久再派一位在日进商会未被重用的本省人叶天佑先生（万华人）前来道歉，叶天佑先生一再恳切拜托，并说日进商会内只有他一个台湾人，因无靠山每被歧视，请看在同胞份上特别帮忙。最后被“同胞”两字及叶天佑先生的诚恳所感动，才与日进商会恢复交易。

十余年后，看到一本《吴佩孚三弃上肥原》的书，想起当年“吴修齐三弃日进行”的往事,不禁感到自己不愧为黄帝子孙，不愧为吴家后裔!

再其次是往访在日进商会斜对面的盛进商行，由外务员王吴明先生及陈锦川先生（王吴明先生不久自营明盛商行，光复后任中南纺织公司董事长）接待，他们态度消极，“半惊半卖”，因为新和兴与盛进交易有限，赊欠不多（约两三千元左右），所以没有多大的影响。

同日下午继续拜访全省布类第二大贸易商菊元商行（在南京西路，今之雨利大楼对面），由外务员吴家祯先生（台南市人）接待,他也是“半惊半卖”。菊元是新和兴布行第三大债主，当时大约欠了一万元，上午已被日进商会船越氏拒绝往来，今再遭此冷落,内心相当痛苦,但小不忍则乱大谋,唯有逆来顺受,更加奋发努力，以求自救人救而已。

接着到迪化街的胜正洋行，由大老板及二老板（宫崎氏）亲自接待，结果是该洋行被人家倒得太厉害，暂时非现金不卖，此家规模小，与新和兴布行往来不多，所以毫无影响。

胜正斜对面的大川商行亦由大老板吴火炉先生亲自接待，他好像与以前无甚差别,但可惜规模不大,货色不多,不能多买。

其余如义裕商行谢成源先生、竹腰商行吴王炳先生（王吴明先生令弟吴乞先生令次男）、铃木商店滨田氏及河本氏、佐竹商店佐竹氏，货色皆不多，平素交易有限，虽对我与以前似无差别，但皆于事无补。

金宝春事件发生后，唯一的取引（来往）银行——“商工银行”——要求提供担保品，否则会影响割引（贴现）云云，这是吃倒账后最严重的后遗症。

当时新和兴布行与商工银行的取引条件是在五千元额度内，由侯基先生及侯雨利先生两位保证，免担保品，以“为替手形”（期票）割引（贴现）周转，如遭停止割引，资金的周转立刻发生问题，真是非同小可。得此消息如同晴天霹雳，比日进商会、胜正洋行的拒绝往来，或菊元商行、盛进商行等的半拒绝往来，其影响不知严重多少倍。因股东无力增资，若想要对外募股，在山穷水尽时，公开真相，当然无人肯投资，若不公开真相，则良心上对未来的新股东过不去，有违诚信原则。事实上当时想要招募新股也相当困难，不得已只好与尚有余力的股东商量，将其私人仅剩余的土地提供"商工银行"做担保品。

几经周旋，最后幸蒙父亲将其所剩私人土地无偿提供"商工银行"担保，保证人再增侯调先生一人，合计三人，终于化解了商工银行拟停止割引的危机，割引的额度也获准由五千元提高为七千元，使新和兴在银行方面的信用比以前更加坚强，真如台谚所说"打断手骨颠倒勇"。

绝处逢生

皇天不负善心人，自助而后天助人助，一九三五年冬，日本神户市经营人造绢织物的今藤商店社长今藤氏，派外务员滨本康荣来台推展业务。滨本氏从台北经彰化直到台南，遍访各商行，回国后将调查结果向今藤氏报告，最后选定新和兴布行独家在台代理推销人造绢织物，取引（交易）条件为 D/A（承兑交单）四十天，这是当时新和兴布行起死回生的一服强心剂。因为当时向日本直接采买，除日本人在台北经营的几家布类大贸易商外，台湾人向日本直接采购人造绢织物，取引条件D/A四十天者，可说绝无仅有，且因独家经销，较无竞争，利润好。与今藤交易还有一个好处：新和兴商行向日本又一、籾山、清水已之助、田村驹、市川染整、东洋棉花、清水良藏、和田、山茂杉本等，以及其他各大商社采购的取引条件都是D/P四十天；这些D/P四十天购买的货到达台南运河仓库时，可以与仓库管理员陈草鄙先生商量，以今藤商店的货调换他店的货先提出来贩卖，待D/P四十天到期始缴款，既可解决资金调度的困难，又可免利息的负担。若无今藤商店社长今藤氏及外务员滨本康荣的尽力帮助，新和兴布行的恢复及后来奇迹似的发展，将不得不大打折扣，因此，今藤氏及滨本康荣确实是新和兴布行的大恩人。

一九三五年冬，又一株式会社台湾系主任中濑浜治氏，派外务员中村俊二氏带来货物瑕疵赔偿金三百元，虽然金额不多，但对当时的新和兴商行而言,实有“渴时一滴如甘露”的感觉！

一九三六年是新和兴商行“山穷水尽疑无路，柳暗花明又一村”的一年，也是我一生中最感兴奋而且最难忘怀的一年，是年的经营方针全面改弦易辙，比较重要的包括：

第一，将店址由外宫后街巷内迁至本町四丁目（今之民权路），房东是施成老先生。当初开业店址选在外宫后街巷内的原因是店租便宜，第一年向何溪木先生租屋，每月只要十七元，第二年向黄尔园、黄尔相昆仲租屋，每月租金也不过二十五元，迁到民权路的房租则高达七十元，虽然租金较贵，但有三点好处：

一、由日本、台北等地前来兜售的顶手总是先到本町，较有机会买到新货色和廉价品。

二、由各地前来台南市买布的顾客也是先到本町，增加不少买卖机会。以上两点就是台语所谓占了“水头之利”。

三、可以兼营零售及做现金布贩的生意，其好处更多：

（一）可以做可靠的市场调查及准确的市场预测：现金布贩的交易及零售都是现金买卖，零售金额虽不多，但利润高；现金布贩则每三至五天就来一次，可以藉此机会做最好的市场调查及市场预测，非常可靠。

（二）协助资金周转：现金交易不但没有倒账，也没有退货之虞，对资金周转帮忙至大，当时的新和兴若非靠店口的现金顾客来支持，绝对无法周转。

（三）减轻利息负担：例如向星加商行采购的大得利牌黑四绫（乌吱哔），原价每匹六元，运费每匹约〇．〇七元，扣掉每三十匹装一箱的木箱可卖〇．五元，每匹减轻〇．〇一七元的成本，合计每匹成本六．〇五三元，在店口卖现金顾客每匹五．九元至五．九五元，虽然每匹亏本〇．一〇三元至〇．一五三元，但有此日日见财的现金周转，还比付利息向民间借款划算。

（四）可以此吸引顾客，建立店誉：大得利黑四绫是一种最普遍、销路最广、行情最明显的所谓大色货，所以大得利黑四绫的售价比他店便宜，可以使顾客认定新和兴做生意公道，而得到信赖，放心买其他货品。

（五）零售部每月获利七十元以上,等于批发部免负担房租，虽然辛苦了一些，但绝对值得。

第二，将采购地区扩大至日本各地。原来大部份货源向台北采购，一部份以通信方式向日本几家批发商采购，数量不多。从这一年开始，我就每年搭客轮如富士丸、高砂丸之三等舱，往来于基隆、神户间约三至四次。三等舱票三夜四日连膳食共二十元（二等甲四十五元,二等乙二十八元,壹等一百元）。每次赴日,由台南出发,滞留日本约一个多月,食宿舟车（火车、电车等）、通信、洗衣费、旅馆小费（包括礼物），总共约花一百二三十元。

据说台北、彰化同业每次赴日采购，大约要花三百元左右，他们到了神户后，都由裕兴商行或集发商行负责迎接招待，食宿免费外，还有三日一小宴、五日一大宴的款待，但是所有采购都要给裕兴或集发抽取正式的佣金三%（听说批发商还要给裕兴或集发一些暗盘佣金）。因此每次到达日本时，虽然裕兴商行及集发商行都派人在码头迎接，但我不敢领教，因为参加此种采购团，不但价格较贵，而且买回来的布，由于各家相同，竞争激烈，自然无利可图，所以我始终敬而远之。

裕兴、集发的经营者都是大陆福建人，一九四一年，台南市清泉商店郭清泉先生也到神户组织一家“神台成”与之竞争，神台成的做法不同之处为无膳宿的款待，而以 D/A 三十天、日步（日息）三钱为号召。台南市的布行对日本不熟悉者，大都经由“神台成”采购，但难免货色雷同及被抽佣金，所以买回来还是无利可图。因此我始终独来独往地行动，遍访神户、大阪、冈山、西胁、一宫、和歌山、福井及桐生等地，虽辛苦数倍，但所采购的货品价格便宜，花样鲜少雷同，不怕台湾同业竞争，所以获利较多。俗语说：“人无艰苦计，难得世间财”，不无道理。

第一次往日本采购时，向一宫市山茂杉本商店采购的霜降布双封（双幅）每码二十八钱，回来卖单封（单幅）每码三十钱，赚了一倍以上。向群马县桐生市桐生籾山商店所买的绣花绸类亦获利一倍以上。向和歌山市市川捺染株式会社所买的印花呢布，乱（零）码品以贯（每贯一百两）论价，即论重不论码，约为整匹的六成价，买回来可赚五成以上，而且非常畅销。因此一九三六年年终结算，净赚壹万余元，从前一年的资本净值零，在短短的一年之后远增为壹万余元，实在是难得之至。若非“金宝春”事件的刺激，则父亲可能还不准我往日本采购，也就无此成绩，真是逢凶化吉，因祸得福。

一九三七年以后，新和兴因前一年业绩辉煌，名声远播，各大批发商莫不刮目相看，经营更加顺利。是年中日战争发生，日本因备战而刺激景气，轻微通货膨胀，物价渐升，生意也愈加活络。因为多次亲自前往日本，结识了几家商社，如又一株式会社、今藤商店、和田商店、清水良藏商店等，在战争期间，承他们特别优待，在万难中拨出公定价格的产品贩售给新和兴。一九四二年以后，因太平洋战争爆发，日本民需军用物资日渐缺乏，采购困难，船运尤其不易，平时由大阪或福井出货，两周内就可以到达台南，战争后期则需半年，影响资金的周转至巨。一九四二年春，最后一次在日采购，父亲已再三来电要我即刻返回台湾。当时台湾布商中，像我一样，能够凭藉交情，靠日本商社帮忙采购到货品，并运回台湾的已少之又少，因此利润特别高。然而父母均认为海上危险，好景不常，应该知足，反对我继续赴日。是年冬天，基隆港有一艘客轮被美军潜水艇击沉，死伤甚多，台南市布行同业中即有在船上而幸免于难者。此后我也不敢再提赴日之事。

一九四三年一月起，因战争影响，日本实施企业统合，强制各商店停业，在台北成立台湾纤维制品统制株式会社，在各地区指定代行店，代理该会社配给布匹给小卖组合（零售公会）。新和兴被指定为代行店，直至一九四四年八月止。总计自一九三六年起至一九四二年止，前后七年，是新和兴的黄金时期。至一九四二年底结算，新和兴资产达二十余万元，原来一股五百元，此时可拿回二万五千元（五十倍），可以买将近二十甲土地。

布业同业贮金会

新和兴是在一九三四年春天创立，该年冬，台南市棉布组合改选理监事，我当选为理事。这是我参与同业公会服务工作的开始。一九三五年景气欠佳，商界资金短缺，银行又怕倒账，因此商工银行想出一个两全其美的融资办法：即由布业同业组合组织一个“布业同业贮金会”，选出二十余名理监事，再由理事中选出若干名常务理事及一名理事长。当时由某商行陈先生当选理事长，新复发商行侯基先生、新复兴商行侯雨利先生、新复成商行侯调先生、新复茂商行侯排先生等分别当选常务理事，并推选理事中的新和兴商行本人为会计理事，负责一切会计事务。

大会当日，我正往台北采购布匹，未克出席，翌日我回台南阅读大会通过的章程后大吃一惊，该章程规定凡会员向“贮金会”申请贷款时，金额一千元至三千元者，由全体理监事审查之，三千元至五千元者由全体常务理事审查之，五千元以上者由理事长审查决定之。意思是理事长的权限最大，常务理事次之，理监事最低，所以五千元以上无限额贷款由理事长一人裁决。我立即走访各常务理事及理监事，说明章程的规定本末倒置。起初他们都说章程乃经全体会员慎重审查核议，并无颠倒错误之理，且理事长是会员共同推举的最高权威者，所以五千元以上贷款由他一人审查决定应无不对。经我费了不少口舌，一一将利害关系说明后，他们才如梦初醒说：“要不是你提醒，后果必定不堪设想。”

后来大家虽幸免吃亏，但惹起一场大风波，陈理事长责骂我是西游记的红孩儿（当时我只有二十三岁），并责怪全体理监事“不是男子汉”，经大家讨论后决定之事竟一夜推翻。数个月后，陈理事长经营的某商行宣告倒闭，大家都称赞我为小孔明。

不过陈府一家人却恨了我一辈子，陈先生因此请辞棉布组合理事长，全体会员再开大会选出日人佐藤秀四郎继任，才暂息一场风波。此事我虽受相当大的指责，但另一方面我却藉此机会，报答了侯府各位族亲的大恩于万一而欣慰不已。

“贮金会”改组后，由佐藤秀四郎任理事长，侯基先生、侯雨利先生、侯调先生、侯排先生等仍任常务理事，我也续任会计理事，聘陈有春先生（台南市竹篙厝人）为书记，开始推行业务。会员以客票（为替手形）向“贮金会”申请贷款，程序是：

一、理事长初审（事实上理事长对客票不熟悉，都委由我代理审核）。

二、陈书记以回览方式送理监事批示（征求同意）。

三、提往商工银行割引（贴现）。

四、经贮金会扣利息后，即将贷款送交申请的会员使用。

这些手续都在当天办妥，简捷方便，颇获会员好评。另一方面，“贮金会”向商工银行的贷款利率每百元日步一钱五厘（月息〇·四五％），贷放会员则为每百元日步四钱（月息一·二％），净赚二钱五厘，获利相当可观。商工银行则因握有全体理监事的连带保证书，无倒账之虞，可谓一举三得，故贮金会维持数年，皆甚顺利，未曾出现问题。

物价管制

一九四一年十二月八日，日本正式向美、英宣战，开始大东亚战争，所有物资无论是食品或衣料品都以军用为优先，民间方面日渐缺乏，价格自然随之升高。日本政府为因应实际需要而加强控制，各州分设贩卖价格查定委员会，台南州（现在的云、嘉、南各县市）广幅织物贩卖价格查定委员会于前一年（一九四〇年）八月成立，台南州知事任命入江俊明为会长，佐藤秀四郎为主查，我被委任为委员兼第一部公定品系系长。商品分公定品与协定品两种，协定品乃公定品以外之物品，由他州购入时向查定委员会申请查定贩卖价格，查定委员会则无论何物，每码加一钱做为费用后发给查定证书，工作轻松毫无麻烦。但公定品则不然，必须查出发令的号码及价格等，绝不能马虎从事，责任非常重大，除每周开会一次或两次审查业者的申请品，发给查定证书外，台南州产业部物价课时常请我去监定警察课委托的布类，是否为公定品及公定价格多少等；台南市警察署（现为警察局）也常常请我去监定所查获布类的贩卖价格是否有违犯公定价格或其他规定等等。当时被取缔者可以说百分之九十九是本省人，父亲常常训诫我："衙门内好修行"，所以我时刻记住父亲的教诲，无论是查定委员会开会审查时，或被政府请去监定时，在可能的范围内皆尽量替业者设想，保护本省同胞的权益，所以不但未受同业埋怨，反蒙同业赞许。

记得有一次某位做足袋（タヒ，或称工矿鞋）业者向主管经济机关交涉,将台南市的纯棉布扎全部集中保管于公会堂(今之民权路社教馆），不准贩卖，由台南州产业部物价课委嘱台南州广幅织物贩卖价格查定委员会查定公定价格。原来该货整匹者（每匹三十码），公定价格每匹约四元左右，日本大阪商人钻法律漏洞，将整匹者剪为布扎，再以每贯（一百两）二十余元卖出。因当时布匹缺乏，尤其是纯棉类的衣料品犹如凤毛麟角，非常珍贵，价格虽高，仍很畅销，该足袋业者谢某某利用日本政府官员的压力，欲将该纯棉布扎贱价买进，制成足袋后高价卖出以谋暴利，但此举必将使纯棉布扎业者遭殃而大亏血本。

某日召开贩卖价格查定委员会于台南市公会堂，开会前由台南州产业部物价课课长藤木氏训词:“该纯棉布整匹者公定价格每匹四元左右，而布扎售价反比整匹者高出数倍之多，无法无天，本日拟将该布扎的贩卖价格化暗为明，请贵会查定公定价格，但每贯最高不得超过四元。”当时查定委员八名，除日本籍的会长及主查外，尚有六名委员，但当日出席者除会长及主查外，只有我与山本菊造两人，本省籍的五名委员中只有我一人出席，大家事前皆知本案事体严重，为免麻烦，借故请假，唯我一人想相机帮忙本省籍业者（该纯棉布扎百分之百是本省人所有），故不怕麻烦，不畏权势，毅然出席。物价课长藤木氏所谓“最高每贯不得超过四元”，言外之意是最好的布又最长码者，最高得查定为每贯四元，其余的应减价为三元或二元，但他未言明，所以我利用他言语上的漏洞，将最短码的、又品质最差者，也全部查定为每贯四元。大概有人往台南州厅向藤木课长报告此事，不久藤木课长就到查定委员会来了解此事，发现果然不论好坏长短，一律全部查定为最高价每贯四元，不禁大发雷霆，责问会长入江俊明怎可作此不合情理之决定？入江会长向他解释：本人虽被任命为查定委员会会长，但因所经营之布类全部是日本人喜欢的小幅织物，对本省人喜欢的广幅织物完全外行，请课长原谅！因此藤木课长就责问主查佐藤秀四郎，主查向他解释：他所经营之布类全部是人绢织物，对纯棉织物也完全外行，请课长原谅！因此该案虽全部经主查及会长盖章认可，但责任实全部由我一人独负。

当时之日本官员，威风十足，且对本省人有轻视感，事事较不客气，藤木课长就怒气冲冲地责问我为何不听命令，不分好坏长短一律全部查定为最高价的每贯四元？我回答：“本日的查定完全遵照藤木课长的口头命令，否则台湾总督府到现在为止，尚未公布布扎的公定价格，依法无据；因此布扎尚无公定价码，此其一。我第一件查定者真巧是最坏且最短码者，该物市价每贯十五元以上，所以照课长的命令查定为每贯四元，以后所查定的越来越好，也越来越长码；本来应该查定为每贯四元以上，但因课长限价在先，不得不也查定为每贯四元，谨请鉴察。”

藤木课长便与入江会长及佐藤主查密谈约三十分钟后，照我的查定结案。密谈的内容不得而知，依我推测，第一，藤木课长有利用职权将来公布公定价格的纯棉布扎以口头命令限价之嫌，违法在先，故不敢再进一步干涉。第二，当时我被委嘱为台南州广幅织物查定委员会委员兼公定系系长，负责尽职，又得次弟尊贤大力协助，对台湾总督府公布的有关法令非常熟悉，多年来未发生错误。当时全日本广幅织物查定委员会公认大阪府、台北州及台南州的查定最为权威，但大阪府及台北州两委员会，曾有几次被我以台南州委员会公文质询其错误，而不敢以公文正式回答，只以口头认错了事的纪录，台南州查定委员会则未曾受其他委员会纠正过，所以藤木课长虽凶，也不得不对我客气三分！

如上所述,查定委员会各委员都怕事请假,唯独我出席查定;不但未惹麻烦，各货主由于事涉本身利害，从头到尾都在场关心，亲眼看见我已为他们的利益尽力争取，所以虽然亏损甚巨，对我并无怨尤，反而非常感激，我则对他们的亏损始终耿耿于怀，真是公仆难为也。

当时台南州产业部物资课课长佐野治夫，为确保台南州、甚至于台湾全岛之物资来源，曾几次在《台南日报》发表高见，大意是：物价的管制应宽严得宜，不得太严，否则物资将流往管制较宽处，将来台湾，尤其是台南州必会自食物资奇缺的恶果。但物价课课长藤木氏视而不见、听而不闻，横行霸道，采取最严厉的物价管制，因此物资都流往管制较宽的其他州，台南州果然物资缺乏，让大家都叫苦连天。

一九四一年三月，台南市棉布商同业组合解散，同年四月台南市广幅织物（卸商）组合成立，八幡洋服店田端仁智被派任为组合长，三阳洋行山田驹一及我两人被派任为副组合长（战时组合长以下至理监事都是官派，我代表本省籍业者被派任），这是我在日据时期参与公会服务的最高职务。

批发布商分布概况

日据时代台湾的布业批发以台北为中心，有很多日本批发商，像日进、菊元、星加、盛进、胜正、松本等等，所以台北布市首屈一指。其次则为彰化，不过鹿港并无布市，布行都在市区，最大的是源义商行，店主李西江。台南居第三位。府城布商中北门的批发商占了一半，实力亦是绝对的，从日据时代即如此。高雄有三家布行规模比台南的都大，一是新义源商行，店主刘朝聘除了兼小批发店外，他还赴台南、嘉义、北港的棉布店推销，同业的老板都认识；一家是和昌商行，店主郭方，他是刘朝聘的侄子，原为新义源之店员，后来自己创业；另外一家是江源商行，店主杨江。台中当时并无大批发商。

日本批发商行均集中在台北，其他各地不论彰化、台南、新竹均无日本批发商。台北、彰化有几家全部由日本进口布匹的店，但台南、北港、高雄就没有了。这与资金有关，向日本进货须现金，向台北买可以赊账。

日据时代布业无全省性的公会，只有台北、彰化、台南或新竹等有地方性的同业公会，直到光复初期均如此。像台南市有五六十家布店，其中批发的约二十家，零售的约四十家，有些是批发兼零售，同一个公会。

台南的布业至光复前并无大变化，有几家倒闭了，几家新的再开张。我刚到台南“新复兴布行”那两年，日本首相滨口雄聿采取“金解禁”政策，景气低迷，倒闭风盛，后来一九三四年我出来自创新和兴前后那两年亦是，约有七成的店倒闭，前述高雄那三家店也倒了，均景气不佳所致。台南布市往来的范围很广，从南边的高雄、东港、屏东、冈山、桥头，到北边的善化、新市、新化、佳里、麻豆、嘉义等，连台东、恒春都有。布行会倒闭就是因为营业范围广大，乡下地方又容易被倒账。

八、公务员生涯

仁德庄农会

一九四二年以后，因战争影响布匹货源，布行经营日渐困难，我陆续将身边余款向仁德庄的黄则义及卢法先生等购买十七八甲土地，自己经营农作。因此认识了仁德庄长（乡长）兼农业会会长原亮造氏、农业会副会长黄春忠先生，经由黄春忠先生的帮忙，我得以在仁德庄农业会（农会）服务。一九四四年四月底，开始我的“公务员”生涯，第一个职务是农业会“雇”（雇员），月薪四十五元。我上任的第一天，就有一位代书来找我，要请我吃饭，他说：“吴先生，此后我们两人好好合作，绝不会少了你的好处。”我婉拒他的邀宴，跟他说：“当然合作，我跟每个人都合作。”起初不知道他说的合作指的是什么，后来才知道原来是如果有人要申请加入农会成为会员，就介绍由他帮忙填写申请书，手续费由我跟他平分。当时样样东西都配给，农民耕种所需的肥料也靠配给，而且是农会会员才有。肥料的黑市价格高出好几倍，非会员有钱也不一定买得到，所以大家争相申请加入农会。我的前任积压了不少会员申请书，时间长的竟达两年，送红包还分大小，大包的才优先发给会员证，最快也要半年。当时农民多半不识字，无法自填申请书。我调来申请书一看，格式非常简单，只要填写住址、姓名、出生年月日、耕作面积、土地座落而已，再加盖印章即可，何必花钱雇代书填写？因此所有申请书一概由我免费替农民填写，并告诉申请人：三天后就可以来拿会员证。大家半信半疑，连问：果真三天后就好？我说不错，并请他们通知邻居，以前提出申请未获准的，可以即刻来领回会员证。这一宣扬之后，我的工作立刻大忙特忙起来。

当时脚踏车缺乏新的内胎可替换，都是旧胎一补再补，实在不堪修补了，就以草绳替代内胎，骑起来费力又缓慢，有的农民没有脚踏车，只能靠步行。来往一次农会办事，费时又不方便，人力浪费甚巨。因此我向庄长原亮造氏建议，应尽速当天发会员证，农民拿到会员证，便可申请购买配给的肥料，战时粮食缺乏，应节省人力用于增加生产。庄长起初表示，他很忙，一下子台南州厅要开会，一下子新丰郡或哪里有事，无法当日裁决发证。我说可由我先核发证书，裁决不过是形式，可以补办。他仍犹豫，我再三保证，绝不会发生差错，有事我可以负全部责任，他才答应。这种先斩后奏的便民措施实施之后，我的工作特别多，但忙得不亦乐乎，各地农民也十分高兴。

当时的同事庄慎私（学甲人，他父亲名庄南，是侯基姆仔的堂弟，日据时代开了家金永兴布行，后倒闭。我与慎私原下认识，我当团仔工时，他是少东，战争期间他比我晚一点进农会服务），曾问我："吴さん，人家都说做官（公务员）有红包赚，为什么没有人来送我们红包？"我说，就像搭火车，普通车开得慢，急行车（快车）比较快，赶时间的人就买急行券（快车票），现在不必买急行券也能搭快车，还有谁要买加价的急行券呢？过去要加入农会成为会员，从申请到获准，需时数个月，甚至一年，现在当天申请当天核发，又何必送红包呢？

在农会不久，手边业务已经办完，我问原亮造庄长还有什么事可派给我做，他说农会的事你都办完，没有了。我说不一定要农会的事，庄役场（乡公所）的也可以啊！他查了一下，将当时最难办的税金滞纳催缴工作交给我办。这原不是农会的工作，但因原亮造是农会会长兼仁德庄长，所以我就遵命办理，我去收税，有人原应缴纳五元的，家里只有三元，不够缴纳，左邻右舍有许多人过去我曾帮过忙的，非常欢迎我，争先表示愿借钱给他，所以欠税的催讨工作十分顺利。由于工作表现不错，进农会两个月以后就升为"主事补"，月薪四十八元。再过两个月，又拟将我升任为"主事"（业务课长）。

好心有好报。一九五七年春，三连叔第二次竞选省议员（第三届），我负责在新丰区（即仁德、归仁、关庙、龙崎、永康等乡镇，过去为新丰郡辖区）助选，开票结果，三连叔在该区的得票数竟超过省议会议长黄朝琴先生。黄朝琴因身为议长，兼第一银行董事长，又有国民党党部的支持，过去两届在新丰区的得票数都领先，这次竟屈居第二。三连叔得票数能高过黄朝琴，原因固然很多，但其中之一是许多农民未忘记当年我在仁德庄农会服务时给予他们的方便，自动义务帮忙，影响确实很大。

会社出张所

一九四四年八月底，台湾纤维制品统制株式会社在台南市设出张所，管辖台南州、高雄州、澎湖厅的配给业务，要我担任“主事”；当时原亮造庄长表示他正拟将我升为主事，不过我仍辞职，九月一日起出任前述会社台南出张所主事，月薪一百零五元，翌年四月一日调薪为一百一十元，这在当时是高等官的待遇。至一九四五（民国三十四）年十月三十一日，会社事务清算完毕解散，才正式退职。

台湾纤维制品统制株式会社台南出张所的所址原在本町，系向锦源兴行老板张相先生租赁之店铺，我原在善化街租屋，一九四四年十月后改租屋于中洲寮（今台南市安和路五段）。一九四五年三月以后，美军飞机开始空袭台南，出张所迁至台南运河北岸的仓库内办公，每个月只上班两次，受货发货同时办理。由于轰炸猛烈，中洲寮靠近市区，较不安全，因此我再度迁居，“疏开”返回故乡新头港与双亲及弟妹同住。此后常常骑脚踏车往返台南与新头港之间（两地相距三十余公里），途中多次遇美机低空扫射，无处可避，紧急时只能就地爬进道路旁的排水沟渠避难，污水泥泞就顾不得了。所幸上天庇佑，一直平安无事。

一九四五年八月十四日，日本接受波茨坦宣言，翌日日本裕仁天皇宣布无条件投降。八月十五日中午，我由收音机广播获知战争结束，喜不自胜，曾赋诗抒感：

从兹天下见平和
悲喜交集欲奈何
合家无恙干戈息
感谢天神庇佑多

九、布业翘楚：新和兴时期（二）

战争的最后两年，我们全家中，父母体弱多病，四弟俊升尚在就学，且染上肺结核，次妹金枣一介女子，无力营生，只有我跟三弟俊杰尚有微薄公务员收入，而我有妻儿六人，俊杰妻儿三人，合共十五口，真是生之者寡，食之者众。因此战争前期布行所赚的钱，除部份购买崁脚的土地外，其余现金在战争结束时，几乎花光。光复之初，自然想重新复业，但实无资金，正在着急时，获得一笔意外的收入，恰可作为东山复起的资本。

重组新和兴

我原来任职的台湾纤维制品统制株式会社在光复后自然需解散，三十四年九月十二日起，该会社委嘱我处理结算事务，除月俸照领外，十月二十日清算结束，会社还发给退职慰劳金与临时奖金共八百余元，加上津贴布匹一批，卖得数千元，真是绝处逢生，天助自助者。不久便与尊贤、俊杰及头港宗族吴丙寅、吴元兴、妹夫侯德义等前往彰化买布及棉纱，重拾旧业。

当时正值光复初期，社会秩序尚未完全恢复，火车非常拥挤，几乎无法由正门上车，往往要爬窗跳进去，因此购货后部份人员留在彰化过夜，另遣两人当夜前往台中，搭翌日清晨由台中南下的第一班列车，先行占位子，到彰化站时，里外接应，将纱、布一件件由窗户递进，最后在彰化站的人再越窗而入，拥挤时甚至要经由厕所的窗户爬进去。那种紧张与辛苦犹如作战，但为求生存，不得不如此。

民国三十五年三月，筹集了一点资金，我们兄弟三人加上吴丙寅、吴元兴等，在台南市浅草内（大菜市）原木谷棉被店组织新和兴洋行（后改称新和兴行），以我为代表人，约定每半年结算一次，结算后可以自由增减出资金额。当时每半年的获利约为原资本的七至十倍，即原资本壹万元，半年后增加为七至十万元，主因是通货膨胀快速，加上业绩特别好所致。

当时借款的利率每年只有几倍，新和兴行的获利率却有几十倍，所以借款投资新和兴最合算。而且我的信用已确立，论借款能力应该不差，但我并不积极借款投资，连友人自己拿钱到我家来放利息者，也让公司借款，公司付息，虽然少赚了一些钱，不过换来众人的信任，也未全部吃亏。记得当时所以能够利市百倍，有一些比较突出的做法，值得录此存供参考：

一、行情一日数市，变化无常，需要紧密的联络，因此特设两本电报密码簿，南北各置一本备用。

二、除军用及公家机关外，新和兴行是台南市第一家装设电话者，电话号码二四八号。

三、台南、台北各置一台短波收音机，收听台北、上海间无线电话，时时刻刻获知商情。

四、台南、台北、上海各设机构，行情灵通，采购能力及贩卖能力都比同业强。

五、经由铁路局运货时，为避免与他人的货物混淆，寄小货物捆包用的绳仔，全部染成红色，以兹识别，避免错误。此法我们使用后同业亦皆跟进。

六、为节省台南、台北、上海的联络时间，另设“原”、“受”、“出”、“存”之报表，由小店员记录呈报，使上级人员节省时间，做一些较有价值有意义的事情。

在新和兴重新开张之初，我与尊贤轮流驻在台北，负责采购布匹。每日清晨四点即往永乐町（今之迪化街）捆工葵仔家里（原平野织物商店旧址），催促运货往台北火车站寄运，并和自台南乘夜行车北上的人交换书信，看信后马不停蹄赶往基隆、台北城内及迪化街等地探查行情，比较后择价廉者采购。因此每日必须台北、基隆来回数次。下午即将在基隆采购的货运回台北，将与在台北采购的货集中于葵仔家里催促打包，一面监督，一面写信及开列明细单，事毕每在半夜十一点左右，再去解决往往一天只有一次的民生问题（当时事忙，早餐有空时吃，午餐则无暇吃）。回到投宿的永安旅社休息时，已近十二点。旅社没有浴室，请女中（服务生）烧热水备用，但身心俱疲，连西装都未脱，半坐半倒在床边等女中拿热水来时，早已呼呼入睡，经常醒过来时热水已变成冷水，干脆就不洗澡脱衣大睡一觉。翌晨四点又要往葵仔家里催促运货。一天二十四小时，实际休息时间不超过四小时，如此辛苦，一星期之后才能轮替，这样工作持续了数个月，至台北三兴行（在迪化街）成立时为止。

台北三兴行

战前经营新和兴的初期，我曾向父亲建议在台北设一分店，因为习惯上台北、彰化、台南等地的中盘批发商，都向台北的日本贸易商及本省籍的大批发商采购，很少向台北以外的批发商问津。例如我向日本桐生市籾山商店买回来的绣花绸，每码成本四五角，可卖二元以上，利润虽好，但销售范围限于嘉义、北港以南的零售店，而且数量有限；相反的，台北的佐竹商店（日商）占地利之便，它的绣花绸能卖给台北、彰化、台南、高雄等地的中盘批发商，且数量相当可观，价格也是每码一元以上。因此我极力主张在台湾做买卖生意，应在台北设立机构。但父亲不能同意，他除了以“孔明一生唯谨慎”作为训诫之外，更举新复发侯基老先生为例，侯基从未在台北设立分行，照样赚大钱成巨富，而在台北设店倒闭者则不乏其人。光复后父亲退休，我负责经营新和兴，于三十五年十二月，终于一展宿怀，在台北设立分行。台北分行原欲取名三兴行，但“三兴行”已有商号取用，只好改以“台北三兴行”登记，行址设在迪化街，侯雨利先生参与了台北三兴行的投资。

台北三兴行与台南新和兴行南北呼应，有下列好处：

一、花色货有时各地流行及售价不一致，南北均有店，就可往价高地区促销，以免滞销后周转不灵，及不得已削价求售的损失。

二、两地经营，销售量大，大量采购可获厂商欢迎，如新复兴织布厂所产的花布，委由我们独家经销即为一例。

三、过去投宿永安旅社，吃住联络多所不便，有了台北分店，当然没有这些问题，从此，我每天二十小时的勤务，就改为十六小时，轻松多了。

四、提高店格，在台北开店，全省各地如新竹、台中、彰化、嘉义、台南、高雄，甚至台北市所有布行都可成为我们的顾客，声势一大，同业及金融界自然刮目相看。

光复前台湾布业的货源主要来自日本，光复后则以上海为最大纱、布市场。光复之初，大陆布业的上海帮、永春帮即有至台北、基隆设行的，台湾布商去大陆购货的也不少，但去上海设立店面的，大概只有我们新和兴一家。

上海三兴行

民国三十六年四月，在当时上海市的北京东路清远里六十六号，以二房东身分购买房屋一栋，组织“上海三兴行”，屋价五十五两黄金。购屋经过公证手续，正式登记过户。买入后经过装修，除部份房间转租给一家广东籍的绸布商，其余自用，包括办公室、卧房、浴厕、仓库、打包室等。

二姊夫王金长只有小学毕业的学历，但汉文不错。战争期间被征调随军去上海任军属（作通译工作），到大陆前学了一点北京话，到上海后也学会了上海话，所以上海三兴行成立后，让他在上海长驻，负责联络事宜。采购仍由我与尊贤负责，两人轮流驻上海，每次约两个月，俊杰也去过，次数与时间均少。我与尊贤均不谙上海话，除了“阿拉”、“侬”之外，讲不了几句，尊贤还能讲国语，我则主要靠笔谈来从事交易。中国方言“百百种”，来上海做生意的不见得都能说上海话或国语，我虽然只会闽南语，但并不自卑。

在上海的任务是负责采购，并将行情的变动联络台北及台南。此时上海的行情，可说是一日九市（一般都说一日三市，当时行情变动之快，可用九市喻之），瞬息万变。记得电话尚未装好时，与台湾联络都用电报，上午九点派同事李君（广东籍）

携电文去电信局排长龙队，尚未轮到发报时，上午十点跑家（厂商的代理贩卖员）又来报涨，因此另写电文派同事蔡王癸君带往电信局换回原稿，十一点另一个跑家又来报涨，不得已又重拟电文派蔡君再带去换回前文，如此半天中行情数变，那时电报不能即刻拍出，每次都要排队半天，拍出去的电报何时可抵台湾更无把握，如此的联络行情只可说是聊胜于无而已。

装电话后就方便多了，但必须上海、台湾双方都有店铺，且昼夜都有人常驻，否则无法接通。因为今晨七点向电信局挂号（不能直拨）的电话，有时当夜八点才接通，甚至明天才接通，而且每次限时六分钟（二通），如遇气候恶劣，声音微小，听不出什么，而且六分钟时间一到就挂断了。所以不管有事无事，我们必须采取上海、台北双方皆“每天三挂”的方式——早晨起床后挂号一次，午餐时挂一次，晚餐时再挂一次，一天中双方共挂六次，如此每天平均有六次共三十六分钟通电话联络行情的机会，以此方法制胜。此时所有的台湾商人，在上海都未买店铺，往上海采购的人都住在旅社，一离开台湾，就不知台湾的商情变化如何，而且无论利用电报或电话与台湾联络，都非常不便，无法把握商机，有鉴于此，我乃抢先在上海购买店铺开业。

能于短短的时间内在台北市及上海设立分店：

第一：是认定绝对必要的大决策正确。

第二：是全体同事的通力合作，发挥团队精神的最高效果。

第三：应归功于第一银行周总经理菩提先生的大力支持，

赐予无保家、无限额特准透支的恩惠。（此事后面再详述）

因此无论采购或贩卖，上海、台北、台南三方面配合得非常紧密，于是利市百倍，鸿图大展，开创了一段令人难忘的黄金时期。

好景不常，民国三十七年冬大陆日渐变色，尊贤与我认为不久将波及上海市，还是及早整装返台为妙。当时上海的店铺连装璜及电话有人出价黄金七十两，我与尊贤都认为应该脱手，但有其他股东反对而作罢。一九九〇年，在离开上海四十余年之后，我才有机会再到上海，由于停留时间短暂，无暇细查故居，只搭车去原址附近看看，我请司机放慢行车速度，一路寻寻觅觅，终于找到，居舍还在，但已十分老旧，清远里也改成北京里了。我没有停车，只是匆匆一瞥就离开了。后来有位朋友回上海探亲，我特地请他有空的话代为查询一下旧屋现况，他不但找到三兴行的旧址，还在巷口拍了几张照片，证明我四十年后的指认无误。据这位朋友见告，房子还在，但已收归国有，原来我们雇请看房子的广东人李先生，也已去世六七年了。真是景物依旧，人事全非。

员工入股

光复后的新和兴开始实施“员工入股”的制度，这是我们自己想出来的办法，台南市的其他同业似乎没有人实行。光复前，全省各同业若有盈余，通常提出百分之二十作为员工的红利，其中一半由负责人（家长）独得，另一半再由其他店员按功绩分配。但新和兴自一九三四年开业以后，盈余提拨红利就自动降为百分之十，我也未分到其中的一半。光复后新和兴的红利分配是（百分比）：我十四、尊贤十四、三弟俊杰十、表弟庄升如八、宗亲吴丙寅八、吴元兴七、堂弟吴文财三、四弟俊升三，其他员工也多少都有红利（赏金）。当时业务扩大，业绩极好，台南、台北两店员工不少，我们当时认为让员工入股，一则他有股份，会更认真工作，业绩越好，红利愈多；二则好的人才不会流失。除了红利可以入股之外，家中有资金的也可入股来投资，尽量让员工以店为家。新和兴的职员因此向心力极强，大家工作特别认真，许多人才也都从“团仔工”中培养出来，例如现在统一企业集团的总裁高清愿、环球水泥的副董事长兼总经理颜岫峰、坤庆纺织的董事长吴金台、原国际纺织的总经理吴振良，以及侯仙助（原台湾针织总经理，已逝）、侯海全、侯茂生等，大都有自己的事业。

结束营业

民国三十八年大陆“沦陷”，台湾与上海的来往断绝，纱布来源殆尽，大家正在焦急万分时，恰好政府开放对日本的纱布进口。

是时我因健康不佳，故由尊贤弟参加观光团（当时中日尚无邦交，只准以观光团名义入境），赴日采购不少布匹（侯雨利先生亦同往采购新复兴织布厂所需棉纱），其后亦再赴日几次，并以电报联络购买，利润相当不错。无奈不久大家感觉台湾海峡极为不稳，有些朋友基于善意，告诉尊贤弟说“台北三兴行及台南新和兴行在台湾的名气太大，应预防万一以免吃亏”，经研究后认为暂时解散为最上策，因此台南新和兴行及台北三兴行同时解散。一九五〇年以后，“三兴”名号由俊杰用来组织布厂，“新和兴”由尊贤用在台北重组商行，称为“台北新和兴行”，我当时因患极严重的脑神经衰弱，在家养病，只参与投资，不再过问经营事务。三十八、九年间正是台湾布业“火烧市”的时期，我们有足够的资金，跟日本商界的关系也熟络，但尊贤个性较保守，他在台北主持，不敢大力投入，因此俊杰等常说那段时期新和兴错过了赚大钱的机会。

就我所知，吴火狮先生正是利用那个时机翻了老本。吴火狮先生小我五六岁，当年我去迪化街平野织物买布，他是端茶奉客的学徒，因此我们结识甚早。民国三十七、八年间，他从事台湾与大陆之间的贸易，例如在台湾收购各类土产，整船运去广东、福建卖，再将钱汇到上海买布。有一段时间，因汇兑手续不当，加上物价飞涨，他在广东卖了东西，钱汇到上海时，已贬值为原来的十分之一，为了设法弥补，他到处找便宜的货品，后来到南通买布，不慎买到存放多年、而且染了硫的“黑头布”，整船运回台湾。客人来看布时，伸指头一戳，一叠布破烂到底，只好当垃圾丢掉，为此吴火狮几乎破产。民国三十八年政府开放商界以“观光团”名义赴日采购，台湾当时久未见日本的花布，加上大陆货源断绝，因此布市呈现抢购的热潮。吴火狮先生用 L/C 押汇向日本买布，订货之后到银行缴钱取得 L/C，才能去基隆取布。他当时冒一种风险，例如向日本订一千匹布，但实际上他只有买五百匹的本钱，由于布界宛如火烧市，他只要卖出五百匹，就足够再买一千匹，只要出售顺利，他的“无本”生意也能快速地赚钱。这是民国三十八、九年间的一种特殊现象，有不少商人在这个时机赚了大钱，“稳好”行的赖清添也是一个例子。

十、知遇与感恩

从我在新复兴当学徒开始，一直到新和兴结束，在经营布业的过程中，有几次际遇，想来犹如奇迹，也可以说是上天或菩萨特别庇佑，因此心里常怀感念。

张相先生大力推介

第一位让我有知遇之感的人是张相先生，也就是锦源兴的老板。我因自告奋勇，代替侯雨利先生去推销亮面的乌羽绒布，变不可能为可能，而获得张相先生的特别赏识。新和兴在一九三四年成立之初，租屋于外宫后街中段，街口的永瑞泰布行是张相先生投资经营，他每天都会从北势街锦源兴行前去永瑞泰视察，经过新和兴门口时，常会进来跟我恳谈，使我获益良多。此外，他屡屡向台北、彰化地区批发布商的外务员称赞我的为人处事，无形中提升新和兴的商誉，真是令人感恩不尽。新和兴初成立那一年，我以二十二岁的年龄，就当选台南市棉布同业组合的理事，当然也是由于“相伯仔”的大力推荐。光复后，台南市布类商业同业公会成立，大家一致推举相伯仔为第一届理事长，他以年老为由坚辞，并向大会推荐我出任理事长，我因商务繁忙，必须南北奔波，无法为大家服务，乃推荐王朝荣先生替代，相伯仔与王朝荣不熟，起初坚决反对，经我再三说明，极力推举、保证，并以我担任常务理事为条件，他才同意。王朝荣先生连任数届理事长，表现良好，后来更蒙同业支持当选台南市议会议员、议长。

民国三十五年新和兴再度重组之初，因资金不足，我与尊贤两人每天从事“二十小时的无理奋斗”（参见第九章）。某日午后，我与同业叶枝源兄同往基隆采购，归途经“南光行”（永春帮，是上海布业分店来台规模最大的贸易商），梁祖辉经理邀我们进店，先请枝源兄在楼下稍候，另邀我上楼恳谈：

“我看你们兄弟每天奔波于基隆、台北、台南之间，非常辛苦，为什么不一次多买些货回去，隔几天再来一次呢？”

“不瞒你说，此乃资金关系，我们兄弟虽在日据时代做布生意赚了一点钱，除一部份购买田地，其余现金已在战争中作为家用花去，所剩无几，故不得不少买多跑。”

“既然如此，我可以一次赊你细布二百件、黑斜一百件（每件皆二十大匹），待卖完后再来算帐，免得你经常跑南跑北。”

梁经理的盛情，实在感人！我说：

“承蒙看得起，非常感谢！但你从上海来台不久，我们见面也没几次，如此大量赊欠，实在不好意思。”

“没有关系，不但可以赊欠，而且价格可以特别便宜，以便代南光行在南部批发。黑斜每匹二千四百元，细布每匹二千二百元，每匹各比行情便宜二百元。”

结果我先向梁经理买黑斜二十件、细布五十件，以大卡车运回台北，每件再分装为四小件，翌晨四点运往台北火车站寄小货物，大部份由我亲自送回台南站，另一部份送往高雄站。下午抵达台南时，尊贤、俊杰及其他同事已在月台等候，看见卸下的布匹比过去增加甚多，莫不又喜又惊，满腹狐疑，经我说明缘由，众人始释疑虑，大喜过望！我旋命俊杰买车票随货物同往高雄，并租旅馆做为临时分店批售。

当时黑斜及细布的利润每匹约一百元，所以台南市面上的行情为黑斜每匹二千七百元以上，细布每匹二千五百元以上，同业建和行张和先生则要再加一百元始肯出售。原因是战后衣料品甚缺，布类非常畅销，布一进门，马上就被抢购一空，张和先生总是等大家卖完后，每匹再多卖一百元，仍然有人购买，所以大家都说：“通街无，才找张仔和。”岂知新和兴行突然大量低价批售，黑斜每匹二千六百元，细布每匹二千四百元，每匹比行情还便宜一百元，货源又充足，大出建和行意料之外。

这一次运回的布三日内就售完了，售完后随即命俊杰携款北上奉还南光行，并再运回布匹批售，如此不停地循环买卖，不及一个月，新和兴行已赚到一倍的财产（以布匹计算，增加一倍之多），当时通货恶性膨胀，要赚一倍的钱容易，但要赚一倍的货则非易事。

梁经理的抬爱，令我非常感激，也非常意外！其后得悉事前梁经理曾派该行邱平先生到台南请教相伯仔，相伯仔向他推荐并口头保证过我的为人处事，始能如此的信任。俗语说："海水阔阔，船头有时也会相遇。"意思是说，做人平时就要做好，临危抱佛脚是没有用的。若非我的信用平素即蒙相伯仔肯定，于南光行派邱平先生到台南来征信调查时，极力替我美言（推荐和保证），哪能得到如此的好机会？佛说："善因善果"，半点不差。

代理今藤商店人造绢

一九三五年，新和兴因为吃了金宝春的倒账，经营非常困难，幸好日本神户今藤商店所经营的人造绢织物适时指定由新和兴代理贩卖，可说是新和兴起死回生的一服强心剂。事情的经过是这样的：一九三五年冬天，今藤商店派业务员滨本康荣来台湾找寻代理商，滨本从台北、彰化一路到台南，走访了许多商行，也来新和兴行，交谈之后，他问起我们跟日本方面交易采取什么方式付账，我说用 D/A 方式。我一生从不说谎，这是唯一的一次。事实上我们过去跟日本买布，一向用 D/P 方式付款。所谓 D/P，是"付款交单"，例如，向日本某商行订货时，先交二成订金，其余八成则至银行缴钱后，由银行开给 B/L（提单），才能去提货。事有凑巧，在滨本来新和兴的前几天，我无意中发现新和兴对面的“和记”海产行付款提货情况跟我们不同。他们只要在银行派人拿来的手续单上盖章，就能拿到提单（B/L），先提货，届期再缴钱。我十分好奇，问和记的老板娘（老板已过世），为什么他们能够有此优待。经老板娘说明，才知道和记买货是用D/A付款方式,所谓D/A,即“承兑交单”，例如“D/A四十天”，指进口商只须完成汇票承兑手续，即可由代收银行处领得货运单据，提货通关，至于应付的货款，则于承兑汇票到期日（四十天后）再行付清。这等于进货后，开给四十天的远期支票，在当时是最有利的交易条件。由于前几天才知道有D/A这种有利的付款方式，因此当滨本询问时，我不假思索地就说D/A。今藤商店后来就以D/A方式，由新和兴独家代理其人造绢织物在台贩售业务，对当时正值资金困难的新和兴而言，实恩同再造。

有感于今藤商店的恩德，战后我一直查询今藤社长及滨本康荣的下落，最初不得要领，直至一九五一年始接滨本康荣来信，得悉今藤氏已于三年前仙逝，获悉后至感哀悼！除驰书向其未亡人今藤キミ及令郎今藤修造慰问外，自是年起，每年中秋送猪肉酥、肉干、乌龙茶，年终送乌鱼子等给今藤キミ（今藤キミ于一九八一年去世，改送给其少爷今藤修造）及滨本康荣，至今四十年，从未中断，藉此聊表感恩微忱！一九九一年十一月，收到今藤修造来信，除致谢外，并言及与我从未谋面，希望我以后不要再寄赠礼品。

滨本康荣原在今藤商店服务，今藤有意将女儿嫁与滨本，为其所拒，以是滨本离开今藤商社，自创事业。滨本后娶福井市商人之女为妻，战争期间被征去当兵，战后曾在岳家工作，后至大阪作生意，业绩平平。日本东洋丽绒（レーョン）生产人造棉及特多龙（テトロン），获利甚丰，其所产二等次品，低价卖给公司退休人员所组商行（子公司）贩卖，利润仍然非常好，一般人难以插足争取到货源。滨本知道我跟东洋丽绒的社长相熟，于一九七三年来信，请我去信东洋丽绒，恳托其子公司将特多龙布的二级品按月拨售部份给滨本康荣商店，幸蒙快诺，滨本氏因此获利不少，来信称谢不已，我则有机会投桃报李，亦甚感安慰。

和田利右卫门氏

一九四一年春，赴日采购布匹期间，有一次往兵库县西胁的归途，在西胁火车站附近发现一家店铺挂着两个招牌，其一为大日本纺绩株式会社西胁出张所，另一个是和田商店。因火车时间未到，还要等待一段时间（西胁乃乡下，车班甚少，每日只有数班而已），我就进入店内打招呼，请问店内职员有无布类出售，答说没有，假如有，也要全部送交配给组合，店内无货可售。我再请问有无配给外的货可买？因为当时除纯绵织物全部归配给组合配给外，其他织物尚未实施配给制度，我盼望能多少买一点配给外的东西回去，结果还是：纯绵以外，现在也无他货可售。我追问何时有货，这位店员很有耐心地说：织布厂何时能出货，现在尚不能预定，不过由于产量有限，出厂时都分配给旧客户，不可能卖给新客户。我说：我从遥远的台湾台南市专程前来拜访，是否可分一点点卖给我？拜托，拜托！

也许是被我的诚恳感动，坐在后头，脸向外面，年约三十七八岁的青年绅士和田利右卫门，出我意料地带着慈祥的笑容站起来邀我到应接（会客）室，洽谈约三四十分钟，非常投机，然后他命职员拿绸织格子布的样本出来给我看，问我此布台湾是否合销？我一看喜出望外，应声合销合销，因为绸织格子布的原料是蚕丝层，乃绢丝的下脚，强度接近绵布，当时已有纸织物问世，所以绸织物已很难买得到，于是他再命职员将库存簿拿出来看，看后说，布分两种，一种是二十八寸，一种是十四寸，他问我要哪一种，我说假如可以的话，两种通通买，惠承欣然同意，因此第一次交易就将和田商店所有的在库品全部买了回来，到台湾照买价加二十三％，再搭配滞销货一齐售出，获利不少。

以后赴日，或造访于西胁，或在大日本纺绩株式会社大阪总社（由于自大阪至加古川，再转车到西胁，往返要费半天以上，和田利右卫门先生不忍我远途跋涉，所以尽量在大阪见面），甚至以电报联络，均能成交，实在赐我很多方便。我对和田利右卫门一见如故的盛情美意，始终铭感五内。永生难忘，同时对佛菩萨的庇佑也非常感谢，因为在此时欲向旧主顾买布已经不容易，何况向未曾谋面的人购买这种“物稀为贵”的布，确实是难上加难。

清水良藏氏

有一次往福井市拜访清水良藏商店主人清水良藏时，承蒙其特别将台湾合销的货留起来卖给我以外，且说他有三位深交至友目前正在台湾服务，如我有需要，他可随时写介绍状给我携往拜访，保证即刻接见，并可将想拜托之事不客气地向他们言明，彼等一定会尽力帮忙云云。当时的清水良藏是一位六十岁左右，非常敦厚诚恳的绅士型老先辈，穿着高贵的和服，令人望而起敬,他所说的三位深交至友是：台湾总督长谷川清（海军大将）、南方行政长官菊池门也（恐有误记）、劝业银行台南支店长（姓名已忘记）。

当时的本省人，想见台湾总督并不是容易的事，但我除向清水良藏再三致谢外，并向他说一时尚无需要，日后如有需要，自会奉书拜托，后即告退。这可说是又一奇遇。

免保透支　菩提成荫

民国三十五年秋天某夜，我在基隆采购后回到台北永安旅社时，看见桌上留有字条：“有急事请电话星加。”我一时疑为父亲的病况或有不良变化，心甚惶恐，立刻挂电话请教星加氏，始知我前夜向永乐町胡荣源行买布，开给该行的支票被银行以“存款不足”为由退票。胡老板大吃一惊，向银行查询我开户的住址。当时新和兴在台北尚未设立分行，蒙又一株式会社客户汪先生介绍，经星加氏同意后，以星加商行行址作为我的临时住址向银行开户。胡老板就到星加商行找我，星加氏向胡老板保证：吴某某诚实可靠，绝无问题，可能是误会，他往基隆购货，待其回来即请他往贵行澄清。胡老板始稍安心。是夜我往访胡老板，向他道歉时他笑哈哈说：没有什么，没有什么，一定是银行错误。我说：在下虽非富商巨贾，但最重视信用，一九三五年的东港金宝春事件，犹未让我屈服，此时新和兴行已略有基础，哪有突然退票之理！不过让贵行虚惊一场，仍应郑重致歉！胡老板经我一番说明后，不但不怪我，反而对我益增信心，可算是意外的收获。

退票的传闻，事态严重！翌晨九时我即往台湾商工银行（光复后改名台湾工商银行，再改名台湾第一商业银行）查明究竟，负责甲存的林先生一再道歉说："每日由各地汇款来行的件数惊人之多，经常要加夜班始能办完，昨天胡荣源商行的店员一早就来领款，当时贵行由台南汇来之款尚未整理入帐，致有存款不足的误会，非常失礼，请原谅！"我说事关信用，实在是兹事体大，不是失礼不失礼的问题。林先生束手无策，我就直接拜访总经理周菩提先生，将我一生为坚守信誉，艰苦奋斗的经过坦诚奉告，恳请设法补救此次误会对我所造成的损失。周总经理似受感动，经沉思数分钟后，交代甲存负责人林先生说："今后吴先生的支票，不论是否有存款，亦不计金额，一概特准免保透支，如有责任由我自负。"新和兴因周总经理的一句"免保透支"，后来在资金调度上没有后顾之忧，真是塞翁失马，焉知非福！

周总经理慧眼独具，心怀坦荡、有决断、有魄力，为人处事，实非凡夫俗子望尘可及。我有缘识荆，实在是毕生荣幸。一九四九年以后，我为养病退隐台南，难得北上，只有两三次应尊贤之邀到台北，陪其往访周总经理。一九五一年以后，几无与周总经理见面的机会。

一九五五年春某日，第一银行台南分行经理邓尧山先生打电话来说：周总经理携眷莅南要与我见面。我喜出望外，马上趋访于第一银行台南分行。周总经理说："此次携眷作环岛之游，纯是为私人还愿，到各地寺庙参拜，不涉公务，不打扰亲戚朋友，更不惊动银行顾客。因与阁下久别，且闻尊体微恙，至为悬念，乃请邓经理代为约晤，但绝不接受招待，请谅解。"云云。

经我恳求后，以在中正路サカリバ（台南市有名的小吃夜市场）吃点心为条件，破例接受。闲谈中我请教周总经理：

“令尊想必是很虔诚的佛教徒。”

“正是，何以见得？”

“菩提乃梵语‘觉’之意，有一种树，叶形圆而叶端尖，花赤色，实圆质坚，可作念佛串珠。娑婆世界佛教始祖释迦牟尼即在此树下得道成佛，世人因此名之为菩提树，意即觉树也，阁下大名谅渊源于此，故令尊必为佛陀信徒无疑。”

乍闻“菩提”之意义与由来，而且听说有以之为名的树木，周总经理不觉意兴盎然，急欲一睹为快。台南市中山公园有十余株菩提树，最老者树干且有几人抱之粗大，但天色已晚，打算明晨再陪周总经理去看个清楚。

可惜周总经理年前赴阳明山时不慎跌倒，脚伤尚未痊愈，如厕时非坐洋式抽水马桶不可。那时台南市尚无如此设备的旅馆，忠义路的寒舍正在兴建中，尚未完工，不能招待他留宿，中山公园又未装水银灯，暗路难行，不得已于当晚陪他去开元寺观赏，并说明“菩提树”有蚊虫不敢靠近等好处，周总经理颇觉兴趣，我就答应设法送几株苗木让他栽植于周府庭院内。当晚周总经理就南下高雄，翌晨再往北港朝天宫及其他寺庙参拜去了。

从此与周总经理少有见面的机会，南北远隔，我又懒于出外，加上身患脑神经衰弱症，易地而睡，总难入梦，一失眠就很痛苦，因此难得北上，自别后至接到周总经理噩耗的十年间，承教机会竟只有两三次而已。

一九六五年八月三日（农历七月七日），忽接第一银行电话告知周总经理仙逝讣闻，无异晴天霹雳！良师益友从此永诀，至深哀悼！为感念周总经理恩泽，跟我有关的公司企业，每逢国内外达官显贵莅厂参观植树纪念时，我都选种菩提树，除盼天赐吉祥外，实另含追思周菩提先生之意。

一九七二年台南市安平路拓宽，为美化环境，台南纺织公司曾捐献菩提树植于两旁人行道上，今已菩提成荫，常见俪影双双行于菩提树下，颇觉欣慰。此外，我私人亦曾捐献菩提树苗于佛光山、省立台南第一中学、省立台南女中、台南市大成国中、成功国小、母校台南县学甲镇中洲国小、南鲲鯓庙及故乡镇安宫等处，今皆绿叶成荫，藉此永久纪念周总经理菩提先生之大恩大德。

何瑞麟仁心仁术

前面提到的几位都是在经营事业方面有恩于我，在生活上及生命过程中对我恩同再造的人也不是没有，例如台南的何瑞麟博士就是。一九三六年时，父亲（当时四十六岁）有一天晚上因牙齿出血不止，前往民权路平常诊疗的一处牙医诊所求治，因值深夜，医师不肯应门，不得已只好往素不相识的何齿科求诊。何齿科也在民权路上，但因离我家住处较远，故以前未曾去过。何瑞麟博士夫妇不以深夜为扰，亲切接待，治疗后出血即止。父亲身体一向虚弱，止血前已流了不少血，何博士为恐再生意外，虽然诊所内并无病床设备，仍留父亲在他府上过夜，为此还特别拨出一间卧房做临时病房。何博士术德兼优，慈悲为怀，真可谓菩萨再世。

父亲生命完全是何博士夫妇所救，所以才能再活十三年，至一九四九年因衰老而仙逝。世人皆以“不共戴天”形容杀父之仇，但救父之恩不知应如何表达？只能以《幼学琼林》中所谓“望切者若云霓之望,恩深者如雨露之恩”之末句“雨露之恩”，向何博士夫妇敬申感激之微忱。

父亲数次病笃，我都在其身旁与母亲共同看护，唯独此次远赴日本采购布匹，全然不知，未能奉侍左右，深感愧疚！子曰：“父母在，不远游，游必有方”，农业社会还办得到，工业社会则男儿志在四方，往往力不从心。

此事还曾闹出一则笑话，原来父亲牙齿出血，非常严重，平时又体弱多病，远在故乡头港仔的族亲关心逾恒，血止翌晨，由新和兴行同事侯先齐君打电话回学甲，是日适次弟尊贤赴北部出差来到学甲，所以由他接电话，大概是紧张过度，或因日据时代的电话声音不很清楚，误将“血流甚多已止了”，听为“血流甚多已死了”，消息一经误传出去，故乡的族亲就大忙特忙，或在新头港仔后面郊外冢仔埔（公墓）搭草寮（因俗传在外乡去世的人若运进村内，则村内必定发生不祥的事情以致全村遭厄，所以自古以来，在外乡去世者都不得运入村内，必须在郊外搭临时草寮简单料理丧事），或准备其他丧葬事宜，直到有人先到台南，发觉是听错误传，始转报家乡将所准备者全部取消，并将临时搭在冢仔埔的草寮仔毁掉，实在令人啼笑皆非。

俗话说：积善之家，必有余庆。何博士夫妇健康长寿，何府子孙兴旺，博士盈门，人才辈出，在日本、欧美各地均为杰出专门人才。由于儿女均在国外发展，何博士两老夫妇目前独居台南，为了报答何博士的再造之恩，多年来我常走访何府，并不时邀何博士夫妇共同吃饭、出游，以报答其恩情于万一。

佛法重生

我常想，自己一生中许多奇遇与恩泽，可以说是托佛菩萨之庇佑。我家历代信神拜佛，故乡家里的厅堂供奉观世音、天上圣母、王爷公等，跟一般家庭无异，可以说是神、佛不分。一直到一九五一年我才有机会真正接触佛教，成为佛教徒。

一九五〇年新和兴解散前后，我因光复后抱病奋斗，多年积劳，患了脑神经过度疲劳引发的脑神经衰弱症，极需长期休养，因此一九四九年冬料理完双亲大人的丧事（母亲于一九四九年阴历十月十八日过世，父亲于十日之后亦与世长辞），并与俊杰、俊升分妥家产，各自独立门户之后，如释重负，开始安心养病，暂时不再过问事业经营的问题，直至一九五五年南纺开工为止。这段期间的主要生活内容包括：

一、每日前往双亲位于法华寺旁的墓园祭扫、浇植花木，六年如一日，至南纺开工后，因事繁责重，改为每星期日及例假日前往扫墓及献花。

二、持续自一九四四年即已开始，奉母命每晨前往开基武庙参拜关圣帝君的早课，至南纺开工后，改为每月朔、望两次赴庙参拜。

三、平素白天有时以脚踏车载长男平治（时五岁）到火车站看来往的火车，然后到中山公园散步、运动、休息。

一九五一年春某日，我赴民权路三荣布行拜访至友王朝荣先生时，见其桌上有一本名为“觉生”的佛教杂志，翻阅时发现其中有一部份文章浅显易懂，适合初学入门者研究，越读越感觉兴趣。譬如，书中有一篇谈净上宗的文章，叙述一个人虔诚信佛，一心念佛，临命终时西方三圣——南无阿弥陀佛、观世音菩萨、大势至菩萨，就会来迎接你往西方极乐世界。

阅毕顿觉身心清凉爽快，使已失去希望的我，又复活了起来，病体好像一下子痊愈了十分之二三。遂问王朝荣先生此书何来？他说是杂志社免费赠送的，可惜无暇过目，你如需要就转送给你。我闻言甚喜,如获至宝,将书带回详读后,立即向“觉生”杂志社长期订阅，此为我与佛学结缘的由来，也是我学佛的开始。

其后“觉生”杂志的主持人朱斐居士改办“菩提树”杂志，

我也跟着订阅“菩提树”杂志，其中载有佛学泰斗李炳南老居士的佛学问答，该问答对初学佛之人有如苦海慈航，暗路明灯，拜读后获益良多。所以我即每月订购四二〇份，或由我自己赠送中山公园诸好友，或请该杂志社代为赠送各学校、医院、监狱等图书室供人阅读，祈求佛陀慈光加被，读者们福慧增长。

从此渐渐了解佛学的意义，感佩佛陀的慈悲伟大，愿有生之年聊尽棉薄，图报佛陀的宏恩于万一。尤其净土宗最适合工商界的“繁忙人”修学。光复后，我为环境所迫，带病延年，犹为事业无休无止地奋斗，罹患严重的“脑神经衰弱症”，痛苦难言，度日如年，蒙大慈大悲的我佛圣教拯救，否则后果真不堪设想。

此后我的厌世念头渐淡,求生意志增强,有如“死里逢生机，临危遇救星”，精神有所寄托，意气逐渐昂扬。能有如此深远的影响，是过去不知人死后将往何方，所以既彷徨又怕死，如今已知死后有西方——极乐世界可往，且彼方胜此方千百万倍，只要信佛、念佛、学佛之善行，死后必然往西方极乐世界，做阿弥陀佛讲座的旁听生，永远不再堕落，那么死比生快乐多多，何惧之有？活则在世间多做些有益世道人心的事，死则静静做佛陀的学生，两者皆无不可，听任佛菩萨安排就是了。

一九五四年，谨遵宗姐吴乌香居士之嘱，乐捐一点点净款，参加购买土地建筑湛然精舍，作为慧峰法师静修宏法的道场。一九五五年六月十五日再遵宗姐吴乌香居士之嘱，应慧峰大师之邀，于台南市湛然精舍与信众一齐皈依密宗大师章嘉活佛。

举行皈依典礼时，蒙章嘉活佛赐法号曰“仁修”。此为我一生中第一次的皈依仪式，章嘉活佛也是我此生唯一的皈依师。

一九六八年十二月十五日，应湛然精舍住持慧峰法师之邀，与两位信徒同乘南纺汽车前往佛光山，参加佛光山大悲殿及东方佛教学院的落成典礼，第一次拜会佛光山住持星云大师。

当年的大师，年轻（四十一岁）有为，法相庄严，待人接物，慈祥亲切，识者莫不高瞻仰止，肃然起敬，尤其大师才思敏捷，博学多闻，随缘启示，因材开窍，均能观机说教，事理圆融，闻者更如醍醐灌顶，充满法喜。

佛化有缘人，会见大师之前，我从觉世旬刊拜悉大师弘法度众的慈心悲愿。大师感叹神州沉沦，佛门人才凋零，为了兴教报国，普济苍生，有意创办东方佛教学院，培育讲经说法的门徒僧材。我由衷敬佩大师的善心义举，乐观其成，乃独资捐建七贤堂，并劝募台南纺织公司捐建海会堂，劝募环球水泥公司捐建慧明堂，以助大师一臂之力。

一九七三年捐助兴建佛光山朝山会馆，该馆落成后，我常携眷前往过夜，恭聆暮鼓晨钟，以洗尘劳，是（一九七三）年秋，台南纺织公司于大雄宝殿通往大悲殿必经之路旁捐建凉亭壹座，题曰“太子龙亭”。该亭之兴建有一举两得之意义：

第一，可加添佛光山一景，也可供朝山信众游罢后休憩之用。

第二，台南纺织公司可因此与佛光山信众广结善缘，增加“太子龙”学生服的知名度，用收广告之效。

佛教是一项高尚的精神信仰，我曾说只要人人信佛教，保证世界永和平。大家信佛、学佛，世间便无恶人。我信佛至今，曾经历两项奇迹：

民国三十四年光复后不久，我至台北买布，经过中华路，当时那里尚无高楼大厦，还是片空地，日本人正待遣返，家当物品都拿出来贱卖。在一个日本女人看顾的摊子上，我看到一尊檀香木雕刻的大肚弥勒佛，我走过去问："多少钱？"

她说："要回去了，五元就好！"

我以旧台币五元买回来，后来是四万旧台币才换一元新台币呢！买回来后，起先放橱柜中，后移至厅堂膜拜。我通常凌晨起来刷牙、洗脸、如厕，然后至佛堂拜拜后，三点五十分左右出门去公园，到公园时约四点。有一天清晨上香拜拜时，突然发现弥勒佛的鼻子被老鼠啃啮了几个洞，木屑掉在佛像的肚子上。我自年轻起即不杀生，壁虎、老鼠或蚊、蝇都捉活的，再拿到屋外放掉，这只老鼠为了磨牙，不去咬桌脚或门框，偏咬佛像；而且别的部位不咬，偏咬在鼻头上，无法修补。我跟家人说，要是捉到这老鼠，一定让它活不成。过后我仍是每天在佛堂拜拜，日久也不去注意弥勒佛鼻头上的窟窿，有时上台北，一星期都不在家。没想到几个月之后，有一天突然发现佛像竟恢复原状，鼠啮伤痕全不见了，这尊弥勒佛现在还供在忠义路的旧家厅堂。

另一项奇迹是舍利子。

一日道安法师来访，说他去印度，某个寺庙送了他几粒舍利子，他想义卖，筹措建庙经费，一粒一万元。当时一万元是笔不小的数目，我总经理的月俸才不过三千元，副总为二千元。我买了两粒，鼓吹永都（副总）买了一粒。我将其中一粒放忠义路旧家，另一粒供在胜利路的房子。不久，道安法师又来义卖念珠，一串五千元，我买了两串，亦分置二处，永都没买。法师用罐子另外装了个小舍利子说要送我，体积只有前述一万元买的舍利子的一半大小。我拿起罐子仔细看，发觉里头不只一粒，而是三粒。他说虔诚膜拜会生小舍利子的。果然，拜的期间又生出两个更小的。这种事佛书上有所记载，并非稀闻。

十一、台南纺织二十年

一九四九年新和兴解散后，我一心打算休养，好好治疗当时病情已十分严重的脑神经衰弱症。一九五〇年亲友共同投资成立“台北新和兴”时，原仍要我当代表人，我说身体要紧，不肯答应，才由尊贤担任代表人，我只当一名纯粹的投资者，平常也不过问事情，记得只有一两次为了银行融资问题，曾北上帮忙出面招呼。

三兴织布厂

一九五一年，我们兄弟四人及侯调、侯朝宗、庄托（四弟俊升之岳父）等亲友共同投资，在台南玉皇宫后面设立“三兴”织布厂，侯调（我称他“调哥”）先生投资额最多，占三百分之七十七，我占三百分之七十二，俊杰三百分之四十八，俊杰任总经理，侯朝宗任工务经理兼厂长，侯锡荣（侯调长子）任财务经理，大家称我为董事长，实际上我不管事，也不拿任何报酬。

侯调、侯朝宗与侯雨利是堂兄弟，侯调与侯雨利同时出来经营布行，论经营能力与成就，侯调不如侯雨利；不过侯调生性善良，人缘很好，是公认的“善良民”，我常说，如果社会上都是侯调这种人，那么天下一定太平。他身材短胖，在店门口一坐，活像一尊弥勒佛；我常找他一起到公园散步、运动，他嫌路途太远（他家住民权路），可能怕人家说他胖。调哥做事认真，布行生意兴隆，赚了不少钱，论财富是我的几倍，他跟侯雨利一样，幼时穷困，日子很艰苦，所以非常节俭，绝不乱花钱。平常绝不占人家便宜，做生意绝无欺唬，有时还让人家占点便宜，只是若要捐款，跟侯雨利、侯永都父子一样，很舍不得拿出来。每次我跟他谈起捐助的事，他总是推说：“好啦！你帮我打算就可以，你捐多少我也捐多少。”“调嫂”比较热心公益，我跟她说：“调哥舍不得拿钱出来，你应该劝劝他，他比较听你的话。”调嫂因此说了一件趣事。侯调的“新复成”布行离赤嵌楼很近，他有时会去走动，那里大椿树下常有许多老人聚集闲话家常。有一次他去了之后回来，跟太太说，一棵大树下的石座椅崩坏了，有人发起捐款，说是若要等市政府编列预算来修，下知道要拖多少年，因此老人们决议大家自由乐捐兴修。那位发起人并不富有，但发下豪语，大家捐助之后，不足之数由他负责。调嫂听完后，马上追问：“那你认捐多少呢？”调哥说：“没有啊！听说要乐捐，我就借故上厕所溜掉了。”

侯朝宗的父亲侯天补行八，与侯雨利的父亲（行四）是兄弟，侯天补是个挑着布担四处贩售的布贩，个性刚烈，也有一个有趣的故事。当时的布担是用木桶装布，最底下放青色的窄幅布，广幅的置上面，有一次他坐竹筏渡溪，没看好木桶，一头（担子）掉到溪里去了。一担布将本求利，赚不了多少钱，掉落水中当然损失惨重，普通人急都急死了，侯天补却是一气之下，“算啦！这一头（担子）也让你下去吧！”，把另一桶布也推下水。

侯朝宗的个性与父亲相反，比较温和，因父亲早逝，家境困苦，小时候娶童养媳，夫妇两人十三四岁就到侯调的“新复成”布行工作，侯朝宗担任“团仔工”，太太做家事，硬撑着起家，后来又到侯雨利的“新复兴”布厂习织布及机械修理技术，他的资本可说是做牛做马、点滴累积而来。侯朝宗没有进过学校，但自修颇勤，汉文根底不错，对中医药也相当有研究，能力甚强，在新复兴学习一段时间后，出来做三兴布厂，完全是白手起家。后来也参与坤庆、环泥、统一的投资，他在环泥是跟九叔吴章兴共同投资一个监察人的金额，两个人就隔届轮流担任监察人。

争取设立纱厂

一九五三年，尊贤在台北得知政府有意开放二万锭纱厂，马上以电话征求我的同意，决定以台北新和兴及三兴织布厂的人员及资金为主体，争取设立纱厂，先是在台北设立筹备处，请宗叔父吴三连先生担任主任，展开筹备事宜。原先的想法是跟日本东洋纺织合作，各出一半资本，由二姊夫王金长担任总经理。当时全台湾较具规模的纱厂共十四家，纱布供不应求，有人形容："抽纱如抽金丝条，印花布如印钞票。"大家都想设立纱厂，但政府采取管制措施，好不容易要增设两万锭，其中一万锭国民党自己要设厂经营，另一万锭才是真正开放给民间，因此竞争非常激烈。

当时筹备重心在台北，以尊贤及三连叔为重心，游说政府官员，以南部织布厂众多，却无一纱厂为由，希望新纱厂能在台南设立。另外，由于政府规定争取新纱厂的公司，若其股东用纱量超过产能五〇%者，得优先考虑，因此我在台南就负责联络各织布厂，请他们参与南纺的投资，投资额多寡不论；另外也透过关系，请台南县、市议会通过决议，向中央陈情，争取纱厂设在台南。这些联络事宜都由我负责，差旅费花掉不少，都是自掏腰包。

就在筹备工作已有点眉目时，雨利哥得到消息，也想参与纱厂的竞争，尊贤为此来电跟我商量，要我去请教雨利哥是否也有意设立纱厂，若有，是否可以合作共同投资，以免旁生枝节。雨利哥的意思是，他是否投资，先要看经营者是谁，而且明白地说，若我（吴修齐）担任总经理，就有兴趣投资，而且要他出资多少都可以，否则免谈。雨利哥坚持要我负责南纺，他才投资，我起先仍加以婉拒，表示养病要紧，暂无复出的打算。但雨利哥态度坚决，而且十分诚恳，盛情感人，我不得已才出任南纺总经理。

建厂开工

南纺核准设立之后，开始找寻建厂的上地。当时永康乡和仁德乡还没有多少工厂，地方政府争先来拉拢，希望前去建厂，增加就业机会和税收。永康乡长愿意免费赠送几十甲土地，我说这怎么可以，当时永康地价一甲约两万元，十甲就二十万了，拿人手短，欠了人情，日后人家要来请托谋职，如何拒绝？所以只好敬谢不敏。

台南市长杨请听说南纺要建厂，介绍我们去看跑马场的土地，也就是南纺总厂（总公司）现在所在地。跑马场在日据时代为台南州拓产会的地，光复后由台湾省农会接收，出租给附近的农民耕作。当时省农会很穷，想向美援会借钱，美援会说，省农会自己有产业出租，应该先处理财产才是，省农会因此决定卖跑马场的土地，就交由农会理事许先述（台南后甲人，日据时代曾任保正）负责办理。整片跑马场面积大约六十五甲，南至裕农路，北临小东路。起先许先述带我们从小东路方面看地，我们发现小东路附近军营林立，士兵出入纷杂，纱厂将来雇用的大部份是女孩子，晚上也不停工，惟恐发生问题，便不予考虑。后来才知道原来靠裕农路的一面也可以进出，就决定买了。当时一甲地四万元，以南纺一万锭的规模，一甲地就足敷建厂，不过考虑未来扩展问题，我认为一甲四万算很便宜，主张一次买下二十甲。尊贤比较保守，他反对，认为先买两甲，以后要用再买不迟。我说省农会不是一天到晚都在卖地，现在正巧他们缺钱，急着卖地变现，以后不见得有这么好的机会。尊贤说多买多花钱，损失利息之外，还得缴空地税，不然这样，最多买五甲，不能再多了。雨利哥见我们意见相持，争得面红耳赤，他说这样好了，我来当公亲（调解人），折衷一下，买十甲。省农会于是派人测量，划出一块十二甲的地卖给我们。

之后省农会因缺钱，先后两次来央求南纺再买剩下的五十三甲，我两次向公司董事会提议购买，都未能通过。第三次又来洽谈，南纺才又买了三甲，另外我自己购买五甲，尊贤及辛文炳先生各买四甲，俊杰买了三甲，由于一次购买十九甲，每甲算三万八千元，一坪才十几块钱。

南纺厂址选定后，我才知道旁边紧邻一条三十米宽的计划道路，这条路是民国元年（一九一二）日据时代所定都市计划中即已规划确定，只是一直未开辟。我担任总经理之初，得知计划道路两边的农地收成不好，地价也便宜，每甲才二三万，便请地政事务所的职员抄两边的地号和业主姓名给我，希望有机会便买地。当时南纺刚成立，我的月薪才三千元，请人晚上抄量地籍、地号资料，积累了一大叠的图，花了五千多元，后来却一坪也没买，因为总经理的工作一做下来，整个人都卖给公司，全心全意经营，忙得无暇顾及买地了。

台南纺织公司是在一九五四年十月十八日召开创立会后正

式成立的，之后就是准备外汇购买机器设备，当时外汇极度缺乏，几经奔走，才向煤矿公会、农复会购得足够的外汇，其间尊贤出力甚多，后来去日本选购机器，也由尊贤负责。一九五五年二月十三日公司召开第二次董事会，通过聘我为总经理，侯永都为副总经理，该年春夏之间，新进员工分批前往台北板桥新台湾纺织厂实习，为期两个月，是年十月一日纱厂正式开工。

董事长吴三连

吴三连先生从南纺成立之日，一直到一九八八年底过世为止，一直担任南纺的董事长。我们请三连叔来当董事长，倚重的是他的人格领导与政治关系，他百分之百信任总经理，完全授权，处事大公无私，立场超然，是最佳的董事长人选。三连叔对工商业的实际经营可说外行，早年曾做过的生意也不成功，我们常开玩笑地说，他是被我们骗来当董事长的。其间三连叔曾表示久居董事长之职不好意思，有几次想辞卸，我表示反对，南纺申请设立时，三连叔发挥不少作用，当时是公司很需要他，之后是他很需要南纺，例如他从事政治、社会活动，竞选省议员、办报纸，都要花钱，他自己不是公司的大股东，并不富有，经费需靠公司支持，所以我跟他说："我不当南纺的副董事长或总经理，对我来说没有多大差别，你不当董事长，那就不行了。”所以一再挽请他留任，公司的董事或股东也没有人反对过他连任董事长。

资本与股东

南纺成立之初，资本额登记为七百五十万元，实收一千五百万元。因为当时政府财政穷困，无计可施便抽税，资本亦得抽税，而不论公司未来是赚是赔，这当然不合理。所以我们一半当作资金，一半算股东无息借款给公司，例如投资一百万，给予五十万股票，另五十万为借款。每个人都如此，大家都是亲友，当时股东的人数少，范围小，容易沟通，没有异议。像吴三连先生向彰银借款一万元来投资，亦登记为五千元。后来有人向政府反映，还未赚钱就抽税不合理，应该是有盈余才抽税，所以一九六〇年我们变更登记资本额为一千五百万，才名正言顺。

南纺的资本额，在一九四九年改行新台币后，也是相当大的一笔钱，不过在纺织业来说，一千五百万元的资本额是中型公司，不太大也不太小。侯雨利先生出资四〇%左右，私人财产投入的比例相当大。我们事先说好出资五十万者任监察人，一百万元者任董事，一百五十万元者任常务董事。我们的名额有些是好几人凑一凑合起来算，所以很多股东是家族亲戚、朋友。

实施三班制

公司成立之初，因板桥新台湾纱厂的董事长李占春与雨利哥熟稔，故技术人员请新台湾纱厂代训，连管理规章也参考新台湾的成规，只是其中有些加以修改，不过真正实施起来，仍有问题。最显著的例子是：擅离职守者申诫一次，而瞌睡者却要记大过一次（申诫三次等于小过一次，小过三次为大过一次，大过三次就开除），所以瞌睡一次等于擅离职守九次。事实上深夜至清晨三四点时，因身体劳累不堪，在机械运转顺利时，偶一坐下就难免打瞌睡，一夜之间若被发觉瞌睡三次，即有被开除的可能，衡情度理，实有不妥。所以较聪明的工人深夜体力不支时，就偷偷离开工作场所，回宿舍休息一下再来工作。因为员工众多，被发觉的机会甚少，且万一被发现时，只是擅离职守，申诫一次即可了事，两相比较实在太不公平。

因有此类不合理规定，台南纱厂开工不久，我立即着手修改，并提报董事会通过后，于一九五六年五月实施，将记大过一次的瞌睡改为申诫一次，而将申诫一次的擅离职守改为记大过一次。

又因犯瞌睡者多，每次接到当值主管检举有人打瞌睡时，我都一一通知犯规者到总经理室询问原因，大家异口同声说：在此人浮于事，求职困难之际，我们能在众多求职者中被录用，机会难得，至感荣幸，但因二班制，每班工作十二小时，日间尚可忍耐，夜间工作十二小时，真是疲累不堪，每到深夜三四点时分，总是心有余而力不足，虽明知不可犯，但体力不支，不得不坐下，一坐下就打起瞌睡来，运气不好被查到了就被检举，实在非存心故犯。

因此我感觉到社会上因为立法者不慎，往往造成“法律犯人”，而非“人犯法律”之处颇多。为了解决这个问题，我想最起码应拟出一个妥善可行、劳资双方皆有利，并且两全其美的办法，来解决因体力不支而不得不打瞌睡的问题，以免发生在求职不易中幸运谋得一职，竟为瞌睡三次而被开除的悲剧。

经一再考虑，乃召集与工务有关的同事多人研究改进办法，结论是：

一、以现有人员由二班制改为三班制。

二、每班工作时间由十二小时改为八小时。

三、工员的工作时间虽然缩短，但每个月的收入不得比以前低。

试办结果：

一、虽由二班制改为三班制，每个场所的工作人员减少了三分之一，但因工作时间缩短，工作精神旺盛，效率提高，生产力反而增加，对于品质的改善、机械的保养、工厂的安全等，均有直接间接的良好影响。

二、工作时间虽然缩短，但因单位时间的工资增加，工资的收入并未减少，故三班制普受工员欢迎，工作乃更加努力。

三、总生产量较未采三班制之前提高了百分之二十，可说是劳资双方均蒙其利。

四、工员的工作时间缩短为八小时，所以因瞌睡而被处分的情事，几乎未再出现。

我没有读过什么高深的经营管理理论，从布行工作到经营纺织厂，全凭经验与用心思考，南纺成立后，公司有各种管理规章，领导同仁均能本公私分明的态度，认真执行，遇到不合时宜的规定,则提报董事会,不时加以修改。这里可以再举一例:一九五五年南纺招考技术人员，应征者甚众，可以说是一职难求，当时有一位原为台南自来水厂的正式技术职员苏友铭，也来应征，被录用为“试用技工”。他对于“技工”的名称不太满意，有降级的感觉，我当时特别加以解释，要他对职称不必在意，只要工作认真，诚实可靠，总有出人头地的机会。不过，也因为苏君的反应，我决定修改管理规章，改变称谓，但由于总务课作业的拖延，到了一九六五年元月起实施的管理规章中，才明定“本公司之服务人员统称职员”，不过南纺仍是全台湾第一家废除“男工”、“女工”称呼的工厂，职员又分管理职员、事务性及技术职员，过去的男工、女工改称男、女技术员。这一改变，对员工工作士气有不少提振作用。

商标登记

棉纱是南纺的主要产品，一九五五年底一万锭纱锭全部开工，我立即着手产品的命名及向中央标准局注册事宜，起先我决定以“玉山”为南纺棉纱之商标名称，命名的原则是：一、好名（好名称）：玉山是台湾最高峰，代表产品品质至高无上之意义：二、好记：玉山是台湾名山，尽人皆知；三、好写：玉山两字笔划少。经向中央标准局提出商标注册申请，即将核准之际，吴火狮等人合组的中和纺织公司却透过三连叔来说项，要求南纺将“玉山牌”名称无偿礼让。三连叔当时也兼为中和纺织的董事长（一九五五年八月出任，为期不长），他既然开口，南纺只好忍痛割爱。经公司董事会讨论结果，决定以赤嵌楼命名，作为南纺棉纱的第一个商标。后来，我觉得赤嵌楼只是台湾的名胜，在外国的知名度不高，而南纺的棉纱是要出口竞争于世界市场的，所以后来改用“高尔夫”及“北极星”两个商标，一直沿用到现在。南纺这两个商标的产品，在世界棉纱市场上一直赫赫有名。

开防缩加工之先河

南纺早期产品除了棉纱之外，胚布也有生产，内销者起初是卖给批发经销商，批发商买去之后加工染整，再卖给布行。透过批发商销售，容易受其控制，不但不易作产销计划，且多一层中介费用，减低市场竞争力，我一再向业务经理高清愿说，应该改变销售方式，直接卖给成衣厂。因为光复初期布行势盛，成衣厂规模小，但经过十几年发展，成衣业资金、规模均大有可观，不亚于批发布商，可以直接向纺织厂购买布匹。不过清愿君顾虑较多，惟恐得罪批发商，将来销售管道发生困难，一时不敢下决定。我研究结果，认为仍以直销给成衣厂为宜，不过胚布（南纺当时主要生产卡其布）则由公司先行防缩加工后出售。

当时各先进国家的胚布大多经过防缩加工处理之后才上市，甚至东南亚的国家也一样，惟独台湾不然，积习已久，没有人卖防缩加工过的布。防缩加工需多花一成本钱，而且，原来六十码的布经防缩加工后，只剩五十二码左右，这是正常情形。但是染厂的染工是以码计，防缩过的布码数变小，染工费用也减低，因此染厂在漂染的过程中就想办法把布拉长，六十码可以拉成六十六码，布拉得愈长染费愈高，布商拿到的布愈长卖的价钱也愈多。因此有本事把布拉愈长的染厂生意愈好，但是布一拉长，强度减弱，不耐穿：再者，未经防缩加工的布做成衣服后，一经洗涤，缩水缩的厉害，往往不合身，最后吃亏的是消费者。

我决定推出防缩加工卡其布后，先是把所有经销商找来，我说赚钱需赚有道德的钱，过去推销未防缩加工的布，已不合时势，同时实有欺骗消费者之嫌，应即刻改变方针，停止推销“未防缩加工”的产品，反过来推销“防缩加工”后的产品，才算是识时务。

众批发商虽然都有同感，但却又觉得，商场陋习总是积重难返，而且先改变方针者往往先吃亏，因为“防缩加工”的成本，高出“未防缩加工”者大约一两成，“未防缩加工”者又可以加浆处理，外表看起来布身较厚，容易推销，所以经“防缩加工”者绝不能与“未防缩加工”者竞争。

异口同声中只有建丰行吴振良（原新和兴同事）大胆尝试，先将一百匹布送往染整厂“防缩加工”后放在店口推销，由于布身比“未防缩加工”者薄，而价格又高二成左右，所以始终无人问津。如此一来，更增强了各批发商所谓“防缩加工”敌不过“未防缩加工”的错误观念。

吴振良尝试失败后，各批发面振振有词地说：“防缩加工”布类的推销，在台湾尚非其时。我则趁此机会召集各批发商开会，希望他们在推销“防缩加工”的卡其布及府绸，或放弃“防缩加工”卡其布及府绸布的贩卖权中选择一个，结果大家只愿继续代理推销“未防缩加工”的布类。我说既然如此，此后台南纺织公司要直接向全省各大成衣厂推销“防缩加工”后的布类，各批发商一致无异议同意。

从太子牌到太子龙

人类是习惯的奴隶，要改变消费者数十年来根深蒂固的观念，并不是一件容易的事情，除了以品质做事实的证明外，必须配合宣传广告来说服消费大众。鉴于卡其布大部份是做学生服，所以我就取名“孔子牌”，因为“孔子”二字符合我一向主张“好名”、“好记”、“好写”的商标原则，而且又可满足读书人尊敬“孔子公”(孔夫子)的心理。但因“孔子公”是大圣人，恐怕不能注册为商标，当时“经济部”中央标准局尚在台南市，于是先向该局商标注册经办人员请教，经答复无妨，因此喜出望外，即刻开始办理申请注册手续。最后却被驳回，理由果然是“大圣人”不得做注册商标。

最后将“孔子”改为“太子”即蒙核准。这就是台南纺织公司使用在布类的第一个商标——“太子牌不缩卡其布”。太子牌蒙中央标准局核准后，一方面请东丰染整厂加工“不缩卡其”，一方面委托台湾广告公司在台湾电视公司开始作广告，请台视演员“矮仔福”穿普通卡其布制成的学生服，在上学途中突然遇西北雨，淋湿后衣裤立即缩水，而且缩得不像样子，但其他穿太子牌不缩卡其布学生服者，虽遇大雨，却完全不缩水。两相比较下，泾渭分明，优劣立判，在观众的脑海里留下深刻的印象。从此台南纺织公司出品的太子牌不缩卡其布声名大噪，尤其是以之制成的学生服，普受消费者欢迎，独占台湾学生服的市场，而原市面上的普通卡其布销路大减，不久几至绝迹。

台南纺织产品的内销贩卖路线，也由过去的经由批发商转变为直接卖予成衣厂，减少中介费用，增强竞争能力，不但没有业务经理高清愿君所顾虑的问题，而且还让清愿君获得了“广告”的宝贵经验，使其日后经营统一企业公司时充分活用，获益良多。

“太子”这个商标除了早期使用在卡其布外，后来也使用于多元酯纤维（Polyester Fiber，俗称“特多龙”）所纺成的纱及所织的布上，称为“太子龙”，是学生服的主要布料，后来“太子龙”几乎成为学生服的代名词。

南纺开始使用多元酯纤维棉作原料，是在一九六六年，当时台湾的纺织业者均向日本购买，供应者有两家——东洋丽绒株式会社与帝国人绢株式会社，前者的产品在台湾注册名称为“特多龙”，后者称“帝特龙”，其实是同一种东西。台湾各纺织厂使用帝人产品的有三家，使用东丽的有五家，南纺是其中之一。业界原有一个共识，即“特多龙”也好，“帝特龙”也好，都采用百分之六十五的多元酯棉及百分之三十五的人造棉

（Rayon，或称“螺萦棉”）混纺（产品即 T/R 混纺纱），绝不能降低多元酯棉的比例，以保证品质。当时多元酯棉每磅美金一元二角左右，螺萦棉（俗称蟑螂布，因容易被蟑螂咬破）每磅不过美金一角七分，价格相差七倍左右。因此久而久之，业者为了节省成本，开始低率混纺，降低售价，恶性竞争。据闻其他七家纺织厂均以 T/R 各百分之五十比例混纺，低率混纺就是少用多元酯棉，多掺一点螺萦棉，成本虽然较低，但纱布结构会变稀薄，品质也跟着下降，这是失信的作法，与我的经营理念不合，因此南纺在我坚持之下，仍照原规定比例混纺。

业务经理高清愿知道我仍坚持原比例混纺后，多次气急败坏地向我建议，应比照其他厂的做法，采取低率混纺，因为照原比例混纺的纱及进一步织成的布，跟低率混纺的纱、布表面上看起来完全一样，除非经由药物化验，否则无法区别，一般消费者哪有可能将布拿去化验？而南纺的特多龙因为照规矩做，成本较高，售价就高，市场竞销能力低，东西卖不出去，最后势必拖垮公司。清愿甚至说：“公司会被你害死”，我说，你放心，我来负责。

我的办法是到了隔年（一九六七年）七八月学校即将开学之前（此时为销售旺季），命业务人员去刻一个橡皮印章，上书“保证含多元酯纤维百分之六十五，若有低率混纺，买一赔十”等字，盖在产品的出货发票上，此橡皮印之下再盖南纺总经理的印章，以示负责。当时各公司的业务人员都口头保证他们的产品绝无低率混纺，但就没有一家像南纺一样，敢在产品上盖章保证。各成衣厂一看只有南纺敢保证，他们为了自己产品的信誉，遂不敢购买较便宜的低率混纺布，南纺的产品因此不但不怕竞争，而且销路大好，利市三倍。有了这个经验，高清愿确实领悟做生意应以品质优良、信用可靠取胜，不能靠贱卖竞争的道理，刚好在一九六七年七月，清愿离开南纺，自立门户经营统一企业，后来统一企业特别注重产品品质，跟“太子龙”的经验不无关系。

依照当初东洋丽绒与台湾各纺织厂所订合约，产品之宣传广告由东丽负责设计，经双方同意后实施，费用则各半负担。由于使用东丽原料的台湾纺织厂共有五家，东丽所设计的广告都叫“×× 东丽特多龙”，“××”即某纺织厂之商标，例如南纺的产品叫“太子牌东丽特多龙”。因为都叫“东丽特多龙一，显得没有特色，我决定放弃与东丽会社共同广告的办法，自己另外以“太子牌太子龙”为名作广告，特别委托台湾广告公司拍了一支三分钟长的广告片，在电影院及电视台播放，另外也印书签分送学生，为“太子龙”广为宣传，收效甚大。“太子龙”的广告片系一古装片，其中有“太子乘龙”的祥兆画面，后来“太子乘龙”的图案成为台南纺织公司的注册商标，太子龙也几乎成为南纺的代名词。

南纺成立初期，棉花依赖美援核配，许多人误以为政府独厚纺织厂，免费提供原料，事实并非如此。美援是美国给予的外汇援助，政府获得援助的条件之一是必需用这些经费的一部份购买美国棉花。棉花并非由政府直接向美国购买，而是政府透过台湾银行，以低率优惠贷款的方式借钱给纺织厂，纺织厂获得贷款后，仍需自己去寻购外汇，然后透过美援会申请，向美国购买原棉。台银借钱给纺织厂的条件之一是，纺织厂需将厂内仓库租给台银，台银每年只付一元租金，仓库由台银使用、管理。一元租金是形式上的需要，意义是完成契约手续。纺织厂购得原棉后，存放在仓库内，每次要使用时，先去银行缴交费用，银行开给提单，我们凭提单至仓库找台银管理人员领取棉花。这等于向台银借钱买棉花，借来的钱买到外汇后才去台银结汇，棉花形成抵押品，这种情形一直维持到美援结束。

美援会的棉花不是“配给”的，倒是纱厂出产的棉纱一度由纺纱公会统一配售，织布厂买纱需向公会申请，纱厂的纱交给公会时，价格一律相同，南纺的纱品质较好，也只能卖同样的价钱。光复初期棉纱供不应求，纱厂设立又有限制，所以初期纱厂利润非常高，一九五九年以后，纱厂设立的限制取消，一九六〇年各新设纱厂及旧厂增设纱锭全数开工，加上适逢世界性的纺织业不景气，台湾的纱厂第一次面临危机。

内销补贴外销

当时身兼外贸会、美援会、台湾银行三要职于一身的尹仲容先生，一再召集业者开会研讨，最后决定封锭减产三分之一，以免生产过剩，削价竞争。台南纺织当时所有锭数只有二万余，规模不大，开会发言、提意见不易受重视，所以大部份相关会议我都委由南纺台北办事处主任郭超星先生代表出席。一九六一年某日，棉纺公会理事长李占春先生在台北召开会议，讨论“挽救棉纺织业危机方案”，开会通知书特别注明事关棉纺织业生死存亡，请董事长或总经理亲自出席。因此我亲自从台南前往参加会议，会中我曾说明封锭减产不是好办法，因减产成本自然提高，削减对外竞争力量，应该尽量提高产量降低成本，并应暂时（在我们竞争力量未达国际水准以前）采取“内销补贴外销”办法，以求能在国际市场上与工业先进国家一较长短，免除内销的恶性竞争。但几位业界的老前辈听了之后却大声叱责：你们新厂太自私，太无良心，造成今日生产过剩，以致恶性竞争，大家吃亏吃苦都是你们新厂造成，论理应由你们新厂负责，你们不知自省，反提出什么“内销补贴外销”的办法，若采取“内销补贴外销”，岂不等于旧厂拿钱出来补贴新厂？因为新厂机器新，品质较好，外销容易，旧厂机器旧，品质差，外销困难。

虽经我一再说明，若采取内销补贴外销办法，就可以顺利外销，不管什么厂的产品，只要能外销出去，都可免除内销的削价恶性竞争。很不幸，此案除台元纱厂代表出席的业务经理毛先生赞成外，其余都不赞成而遭否决。

记得当日的会议吵吵闹闹，最后的决议大概是：

一、由公会常务理事组织挽救棉纺织业危机小组。

二、由该小组慎重精密算出每件纱的正确成本。

三、正确成本算出后提交公会，由公会向全体会员发出公文。

四、全体会员要绝对遵守公会所通知的价格，不得违反，以维持大家的合理利润，挽救棉纺织业的危机。

五、因棉花是现金进口，所以棉纱不能赊账（当时都赊账六十天左右），必需现金买卖，不得违反。

以上就是所谓挽救棉纺织业的重要会议所决议的重要措施，对于挽救危机当然无补于事。自此以后棉纺织业的重要会议，都委由郭超星代表参加，我不再北上出席。

然后我即向有关方面提出“以内销补贴外销”方案，并蒙当年美援会工业发展投资研究小组编印的台湾省各县市《工业投资通讯》刊出建议案全文，标题为“借油起飞”，其内容大要如次：

“现在我国所有生产过剩，非外销不可之工业，在资金未能充足，利率未能降低到国际通常水准之前，因成本过高，无法拓展海外市场，又为了避免发生恶性竞争现象，则必须限制生产，但以宝贵的外汇进口之机械，因而封闭，实与我政府倡导‘工业起飞’之政策，有背道而驰之感，似非可行之道。且如采行此种办法，工厂生产之成本自然提高，消费者既难购到便宜之货物，政府亦减少外汇收入，无形中减少了国民就业机会，增加因失业所面临之社会问题，于国于民，均无利益可言，是以最好之办法，乃以内销补贴外销，即‘借油起飞’之义，使厂商在内销部份，获得合法利润，以增强对外竞争力量，若能如是推进，必有下列好处：

一、政府财政方面：增加外汇收入，可以渐趋收支平衡，安定经济繁荣社会。

二、工厂本身方面：可将所得利润，扩充设备，降低成本，增强对外竞争力量。

三、国民经济方面：因工业发展，增加就业机会，提高国民生活水准，减少因失业所面临之社会问题。

消费者虽负担厂商内销部份之合理利润，所负担者，比恶性竞争之价格，当然可能贵些，但为数甚微，若比之联合减产，或恶性竞争以致部份工厂倒闭，只留部份工厂开工时之价格，可能还要便宜，但因而促使外销展开，工业发展，社会经济得以趋向繁荣，换回巨大的代价，殊无不宜。”

当时政府正大力鼓励投资，热切盼望所谓“工业起飞”，但棉纺织业则因生产过剩，外销不振，内销削价恶性竞争，大部份纱厂都大亏其本，朝不保夕，步行尚感力不从心，岂能“起飞”？因此我即以“借油起飞”为题，向行政院美援运用委员会提出“以内销贴补外销”方案，期能挽救棉纺织业的危机。向谁借油呢？方案是暂时先向国内的消费者借一点点的“油”，以解燃眉之急，而将坠落深谷的棉纺织业救起来，并展翼高飞。经我不惮其烦地一再向有关方面建议，终于在一九六三年初蒙政府完全采纳，并自同年二月十一日起，经公会厘定为合作公约，付之实施。

自政府采行“以内销补贴外销”的办法后，外销顺利开拓，内销自然不会迟滞，售价合理调整，同业间无论外销、内销都有合理利润可得，削价恶性竞争现象于是消除，皆大欢喜。未实施“以内销补贴外销”之前，全省总纱锭约四十余万锭，但实施之后，因顺利开拓外销，供不应求，大家不但不再主张封锭减产，反而纷纷增设纱锭，使全省纱锭远增为八十万锭，替政府增加外汇收入及税收，又增加国民就业机会，解决失业问题。

我不避同业误会（骂我自私、无良心等），再三向有关机关建议“以内销补贴外销”挽救棉纺织业的危机，实在是完全出于灭私奉公的至诚。何以说呢？当时各同业大部份都大亏其本，叫苦连天，但台南纺织公司因管理好，成本低，品质好，年年都有相当盈余，长此以往，任其自然淘汰，大部份同业倒闭后，台南纺织公司可以“独占天下”，岂不更为有利？但设若如是，则政府不但损失外汇收入及税收，国民就业机会也会减少，社会治安问题就严重了。所以我极力向有关机关建议欲挽救当时的棉纺织业危机，实非采用“内销补贴外销”，亦即“借油起飞”的办法不可，其动机完全是为了顾全大局，竟反被同业误解为“自私”，实在是令人啼笑皆非，幸亏后来的事实洗刷了我的冤枉。

尹仲容从善如流

一九六〇年棉纺危机发生之初，决定封锭减产的是尹仲容先生，经过两三年试行，成效不彰，于是尹先生断然改弦易辙，实施“内销补贴”（具体的办法是：规定进口棉花结汇时，按结汇金额缴纳合作基金百分之二十，作为外销补贴金），可说勇于任事，从善如流。在我经历的纺织业务决策中，还有一件事跟尹仲容有关。一九五九年以前，政府为了扶助棉纺织业发展，在台银设立原棉采购低利贷款（年利六分左右），并规定纱厂五家连保。这项规定在纺织业景气好时尚无问题，但在一九六〇年棉纺业危机发生后，问题就来了。因为连着两三年不景气，许多纺织厂亏损严重，周转困难，甚至接近倒闭边缘，因此欲找五家财务健全的同业连保，实非易事。同业多次向尹仲容建议，我也指示南纺驻台北的郭超星前去交涉，希望改变这种不合时宜的规定，尹仲容的答复是：目前本省各厂商以纱厂规模最大，资本较多，没有比找纱厂作连保更好的办法了。郭超星交涉无功,并回话说：尹先生宣布此事不准再提（建议）。我认为此案若无转圜，后果不堪设想，因此再度指示郭超星务必再去交涉，并以下述理由力争：原办法是每一家纱厂向台银办理“原棉采购贷款”时，必须找棉纺同业四家（连自己共五家）连保，以其他非棉纺织厂作保，不管其信用如何可靠都不准，这对台银是很不利的办法，因为假如当时台银对十六家纱厂放款总共十六亿元，很可能一家纱厂倒闭，会连累十六家纱厂全部跟着倒闭，届时台银所能处分者，只限于十六家纱厂，台银必将吃亏，而且十六家纱厂果真全部倒闭，问题必定非常严重：

第一，台湾的财政、经济、失业等等社会问题必定随之发生，其严重性不言可喻。

第二，台湾在国际上的信誉很可能一落千丈。

第三，大陆必将以台湾经济已全面崩溃为宣传。

第四，其他不堪设想的事情会相继发生，甚至难以收拾。

相反的，若是每家纱厂都找四家非棉纺织业的可靠厂商作保，万一十六家纱厂不幸全部倒闭，台银所能处分者，就有八十家厂商之多，债权绝对可以确保，又何乐而不为呢？且若如此，则十六家纱厂就绝不可能全部一齐倒闭了。郭主任奉命后，一早面色沉重地出门，中午却很兴奋地回来说：尹先生已决定收回成命，取消纱厂同业五家连保的规定，改为各厂自觅可靠的厂商四家作保，终于解开了多年来的困扰与忧虑。这是尹仲容先生从善如流的另一例。

初识李国鼎

南纺成立初期，正值台湾大力推动二商业发展的时期，我自己身为工商业之经营者，对影响经营的整个经济环境自然有所观察与体验，也不时利用机会提出建言。一九六〇年十一月二十六日，我以台南市工业发展投资策进委员会委员的身分（主任委员是市长辛文炳先生），到台北参加由美援运用委员会所召开的工业发展投资策进委员会联合研讨会（当时全省只有八县市成立该委员会），会议由美援会秘书长李国鼎先生主持。开会第一天，我第一个发言，首先征求主席同意，特准我以闽南语发言。我谈的第一个问题是，社会上对工商业者普遍存有“奸商”的观念，认为商人操纵物价涨跌，从中牟利；其实物价主要由供需决定，供需与外汇息息相关，不可能全由商人操纵，通货膨胀也是影响物价的重要原因，更非商人所能影响，因此将物价涨跌责任推给工商界，实欠公平。我说，既然有“奸商”，就应该有“忠商”，但从未闻“忠商”的说法，我很希望当“忠商”，只是不知道如何做才能成为“忠商”，请各位多指教。再者，不法牟利的奸商固然有，但正正当当经营的商界人士应得到适当的尊重，我们应该改变轻工贱商的旧观念，提倡尊工重商的新观念，以免阻碍投资意愿，妨碍经济发展。

我第一次与李国鼎先生见面，就是在这一次会议席上，并蒙他特准两次，一是以闽南语发言，二是不受时间限制继续发言。本来会议规定每人发言三分钟，三分钟到时铃响，我请问主席是否可以继续讲下去，李先生特准我不受时间限制，畅所欲言。此次会议共举行三天，我的意见及建议主要包括几方面：(一)倡导尊工重商的风气，(二)注意投资应得的合理利润，(三)解决工业用地购买困难的问题，(四)发展工业需政府融通资金并提供低率贷款，(五)增进劳资合作，(六)加强各县市工业发展投资策进会之组织与联系等等。

经过这次会议，我对李国鼎先生印象深刻，后来仍有机会接触，使我愈发钦敬其才德与人品。他作风民主，绝无官僚习气，头脑清晰，反应灵敏，识见广博，经验丰富，处事大公无私，有魄力，有担当，负责尽职，日思夜想全是职守与国事。我常对朋友说，李国鼎先生不但能干、肯干，而且操守清廉，实为难得一见的栋梁之才，若多几位像李国鼎先生一样的人才，国家发展实不可限量。

各项建议案

一九六一年前后，台湾的工业发展还在起步阶段，国内市场有限，欲求发展，需拓展外销，外销货品必需价廉物美，才有竞争力。要做到“价廉”，首先需要降低成本，而当时台湾的利率高出欧美、日本甚多，利息负担对成本的影响很大。工厂的规模小，资本不足，想向银行借贷，困难重重，常有僧多粥少之叹。针对这个问题，我在一九六一年七月曾向台南市工业发展投资策进会提出“择优扶植”的建议，该建议案曾转呈至行政院美援会工业发展投资研究小组，并刊登在该小组所编印的《工业投资通讯》第六期（一九六一年八月），内容如下：

“目前台湾工业必须拓展外销才能发展，已为公认之事实，但由于各种条件不够，很难在国际市场上竞争，有赖政府扶植，才有希望打开外销，然而今天的台湾民营工厂多属规模简陋，机器设备陈旧。产品品质不合标准，虽有稍具规模之工厂，也因资金不足，或困于利率大高，成本无法降低，以致削弱对外竞销力量，因而造成内销恶性竞争，经营普遍困难，陷于衰萎和半倒闭者，比比皆是，如此何足以言工业起飞？固然今日政府财经当局仍在极力扶植民营工业，例如不惜投入巨大资金，全力支持唐荣铁工厂，可见当局的苦心，但是值此国家财政极度困难之际，殊无如此庞大力量可以完全达成扶植效能，如以现在政府所有的能力，平均予以扶植，则因力量分散，不但难以收效，且无济于事，实属浪费财力，在政府财政未十分充裕之前，应采‘择优扶植’的办法，始有成效。

譬如：我们有百架飞机，今欲飞往某地，必需有足够之油料，始能到达目的地，但我们现在所有的油量，只可供五十架之用，若将该油平均分配于百架，则每架将难免因油量不足，不分优劣相继坠落海中，是以我们必须择其机件完整，驾驶员技术优秀者，予以配油，以免浪费油料，及冒全部坠落之险，其理甚明。

因此，政府应当选择具有规模，设备新颖，产品精良，对外销发展有希望之优秀工厂，依据其外销成绩，公平分配贷与长期低利资金，采取这种‘精兵主义’的办法，专力打开外销，把我们较优产品输出，次等产品即可供应内销，自然解除内销恶性竞争，不只具有规模的工厂因外销畅旺而发展，而且规模较差的工厂亦因内销顺利而能维持，倘能循此途径决心实施，何患工业不能起飞。”

其后每有机会，我就向政府一再建议，请求以外销实绩作为“外销低利资金贷款”的依据。前前后后努力了九年余，一九七〇年八月二十四日终于承蒙政府采纳，由中央银行订定“外销贷款贴现办法”，实施“计划型外销周转贷款”，年息六·五%，该办法大要如次：

“根据外销厂商前一年外销实绩及本年外销计划，就其实际所需之周转资金，核实贷给之。上述外销实绩，其为合作外销者，应各按其实际外销金额分别计算。

前项周转资金系指其外销产品在每一周转期内所需之资金，该项资金得在一年内循环使用。”

因此外销厂商利息负担减轻，对外竞销能力加强，外销飞跃地发展，经济繁荣，政府的外汇与税收大增，人民的就业机会增加，生活改善，政府、人民皆蒙其利。

一九六五年二月，李国鼎先生新任经济部长职，我曾以私函略表祝贺之意，同时也提出三项建议案，第一项是关于棉纱货物税的征收问题。原先政府规定原棉进口时先缴进口关税，纺成棉纱出厂时，再征货物税，结果造成不法厂商在棉纱出厂时，以多报少，逃避货物税，以降低成本，廉价竞销；后来纺织公会的理事长李占春更进而建议原棉进口时的关税暂不缴纳，俟纺成成品课货物税时一并征收，如此一来，逃漏税只有更加严重，因此我向李国鼎先生建议，应改为在原棉进口缴纳关税时，同时预征货物税保证金，但为减轻保证金利息负担，不必征收现金，改采记账方式或期票，以备将来冲算，如此可减少不法厂商逃税，既增加国家税收，各厂商亦得在税赋公平之下，合理竞争。这个建议案可说是后来争取废除棉纱货物税的先声。

第二项是关于设立大贸易商的构想。早在徐柏园担任外贸会主委的时候，我就提出由政府扶助民间设立国际性大贸易商的建议，徐柏园的答复是，政府已有贸易机构，民间如果愿意设立，“乐所愿闻”，意思是不反对，也不支持。这种消极态度其实等于不支持，因为民间的力量有限，成立大贸易商极需政府在资金上给予低率贷款的支持，以及其他外汇及贸易机构的配合。结果几经拖延，一九七九年以后才陆续成立大贸易商，又因种种原因，绩效未彰，台南帮所组成的南联国际贸易公司也经营的十分困难。

第三项是建议政府创办信用保证机构，以防止恶性倒闭，减少工商业者意外损失。经营工商业，无法不接受远期支票，万一碰到投机商人恶性倒闭，则损失不赀，这对工商经济发展妨害甚巨。我的想法是，应该由政府主管机构创办信用保证公司，由金融机构投资，兼办工商征信及保险。经过多年呼吁，到一九七四年政府设立“财团法人中小企业保证基金”，作为中小企业的“公共保证人”，我当年的想法才获得实现。

荣誉经理

南纺自成立之后，因董事长吴三连大公无私人格的领导，以及董监事的通力合作，加上全体员工的努力，配合当时较新的设备，实施合理的管理，因此表现一直十分出色，产品精良，外销实绩在业界薄有声名。中国生产力中心由于肯定南纺对社会国家的贡献，并认为我努力奋斗的创业精神足为企业界楷模，乃推选我为一九六二年五月份的“荣誉经理”，这是我进入工商界以来的至高荣誉，颁奖典礼在台南的临海大饭店举行，由美援会秘书长李国鼎先生亲自颁奖，我在典礼上则将此荣誉归功于吴三连董事长及全体董监事的领导与协助，以及全体同仁共同努力所致，藉之勉励全体员工争取更高的发展与荣誉。翌年（一九六三年）二月二十日，蒙当时的“副总统”陈诚召见，对南纺配合政府经建计划，开拓外销，争取外汇之贡献，面加勖勉，这不仅是我个人，也是公司全体员工的荣耀。

郑高辉继任总经理

一九七〇年二月，当时少棒运动方兴未艾，本诸企业回馈社会的原则，同时也为公司作宣传，南纺遂筹办全国性的“太子龙杯”少棒比赛，先分北、中、南及东部四区预赛，各选出两队，参加三月在台北的总决赛。没想到南区报名的队伍过于踊跃，几近其他三区队数的总和，因此南部地区各队纷纷要求南区应选出四队参加台北的决赛，惟比赛办法早已宣布，若随意更改，其他各区队伍必然抗议，经再三沟通解释，多数队伍均无异议，唯独嘉义朴子镇的大同国小十分坚持，提出其他补偿性办法亦不肯接受，最后可说不欢而散。原本立意良善的一次活动，却招来意想不到的困扰，使我精神备感压力，二月下旬，左眼玻璃体发生混浊现象，遵照医生嘱咐，必需安静休养，否则有失明的危险。我顿时觉悟生命的脆弱性，决定辞去南纺总经理的职务。

是年七月，南纺召开董监事联席会议时，我即提出辞呈，董事会以觅妥继任人选后始准辞职为由，未肯同意我的辞职。我想辞卸总经理时，副总经理侯永都并无接任的意愿，公司里一时也找不到适当的继任人选，因此只好向外访求。我常说，公司不是董事长的公司，也不是总经理的公司，是众股东的公司，董事会有责任找适合的人才出任总经理，才能为众股东谋最大的福利。南纺要找总经理，应如古代尧传舜、舜传禹，以求贤才为要务。经与各方参详之后，我向董事会推荐郑高辉先生继任南纺的总经理。郑高辉也是府城人士，他前此并未投资南纺，既不是董事，也不是股东，不过郑家与南纺却也不无渊源。

郑高辉的父母原从事洋裁，早在新和兴时期，就是我们的客户，常来买布。郑高辉商职毕业后，继承家业，而规模更形发展，我与郑氏原不相熟，倒是高清愿与他认识较深。清愿还在新和兴任学徒时，常载布去郑家，两人那时初识，南纺成立后，清愿担任业务经理，时郑高辉经营成衣厂、布行，十分成功，与清愿因业务往来，接触较多，高清愿对他相当欣赏。一九六七年高清愿出组统一企业，邀郑高辉共同投资，并请其担任常务董事，我是统一的董事长，此后才有机会共事。南纺要找新的总经理时，郑高辉仍在负责其家族事业，高清愿极力推荐郑氏，董事会并不赞成直接由其继任，要求我再兼任一段时间，请郑高辉先从副总经理任起。因此一九七一年一月起，聘郑高辉为副总经理，我希望不久就让他升任总经理，其后每逢董事会召开，我都一再表示辞意，但一直未能如愿，到一九七四年底，由于我辞意甚坚，董事会才准许我自一九七五年元月起退休，结束我二十年南纺总经理生涯，改任南纺副董事长，郑高辉则正式升任总经理。

郑总经理并无高等学历，但眼光、才干俱属上乘，接任以来南纺业绩蒸蒸日上，在同业之间颇受瞩目。南纺最近二十年不断成长，业绩有目共睹，郑总经理经营有方，公司深庆得人，我也因未负当年董事会重托推荐人才之责而深觉自慰。一九八八年底董事长吴三连先生过世，一九八九年一月起，董事会推我继任董事长，郑高辉任副董事长，仍兼任总经理。郑总最近再三表示，在他满六十岁时（一九九三年三月），即要届龄退休，一方面他自觉身体不够强健，再者也是想为公司建立制度，总经理六十岁即应退下，交棒给下一代。

纺织业最近几年因台币升值，劳工短缺，工资成本提高，经营颇为不易，因此有“夕阳产业”之称。其实早在南纺成立初期，纺织业在日本就有人说是夕阳产业，在三四十年前的台湾，纺织业仍是轻工业的重心，但也有人担心它很快就会成为夕阳工业。南纺董事会成员中，就有人比较保守，时常反对公司扩充规模，理由是夕阳工业前景并不看好。实际上一直到最近几年，纺织业才明显出现夕阳产业的态势，不过以南纺来说，最近几年并未放弃本业的投资，设备仍不时汰旧换新，产品质量仍要求不断提升，以适应市场的变化与需求。另外，基于多角化经营的原则，南纺也转投资其他事业，截长补短，多年来公司整体而言，从无亏损之纪录，企业的永续经营，仍是南纺的目标之一。

十二、关系企业

南纺成立之后，台南帮陆续还投资过一些事业，我实际负责经营的，只有南纺，其他的只担任投资者，或者当董事、常务董事，也有几家由我担任董事长，目前台南纺织、统一企业、太子建设等三家公司仍由我担任董事长。

坤庆纺织

投资事业有赚有赔，除了要看得准之外，有时也有运气的成份，一九五六年，我们投资接办坤庆麻纺织厂，就是一个艰困事业。坤庆是尊贤与吴金台评估之后决定投资接手，结果估算有误，总结来说，坤庆的投资并不算成功。坤庆是纺制麻纱，日人称“あさ”，所有的纺织纤维中，就数麻纱最难处理，棉、毛或化学纤维多少都有伸缩性，麻纱没有，容易断裂，要织成品质好的麻布不容易。有一次尊贤要去菲律宾开会，想顺便为坤庆招揽一点生意，叮嘱员工剪一码样品布，以便带去，结果找遍仓库，找不到一码没有瑕疵的布。主事者认为坤庆只纺纱，自己不织布，请人代织，无法控制品质，主张增资自设布厂。我们对于织麻布实在外行，布厂设立之后，经营更加困难，比请人家代织更惨，公司几乎可以关门了。我说，这样下去恐怕只有倒闭一途，过去亏损严重，应该打折减资，重新增资，想想别的出路，不要“狗咬铁钉尾，不甘放”。一九六〇年之后，坤庆想出纺制亚克力纱（开司米龙），营运才逐渐好转。亚克力纱有一段时期相当好，最近这一两年又转坏，本业不易经营，幸好过去坤庆曾转投资购买中国信托的股票，靠营业外收入弥补，仍有赚钱。工厂原先设在中坜，后来增设平镇厂，现在中坜厂已停工，土地另想办法开发利用，平镇厂仍生产各种混纺纱，也做一些棉纺。企业环境不断在变，公司经营的方针只好跟着调整，多角化投资经营是必要的。

坤庆原先是陈阿金、廖庆火家族投资经营的，我们接手之后，由尊贤担任董事长，吴金台任总经理，我担任常务董事迄今。经营权转移之后，陈阿金仍担任常务董事，廖庆火担任董事，后来经营困难，不断增资，都是我们出资，陈阿金等人并未拿钱出来，不过尊贤十分忠厚，一直维持他们的两席董事名额。一九九一年，坤庆资本额为六亿六千多万元（成立之初资本额三百万元），尊贤担任名誉董事长，吴金台任董事长兼总经理，最近几年本业经营不易，坤庆的经营发展也到了必须转型的阶段。

环球水泥

环球水泥成立于一九六〇年，资本额新台币一亿元，是台南帮当时的一大投资（同时期，南纺资本额一千五百万元，坤庆才九百万元）。建水泥厂是雨利哥积极推动的结果，他投资的金额也最高，超过百分之五十，我和尊贤、俊杰及乡亲好友参加的人也不少，仍推三连叔任董事长。筹备期间，由三连叔及尊贤出面跟政府交涉，厂址的选择方面，我向雨利哥提供不少意见，也亲自参与探勘，后来选定高雄县路竹乡大湖村建厂，以利用大岗山的石灰石原料。当时大湖厂厂址临近纵贯铁路及纵贯公路，交通方便，附近有台糖的轻便铁道，可租来搬运矿石，运费较省，而且厂址地基高燥，既无淹水之虞，地价也较便宜（地势高则水份低，不适耕作，故较便宜）。为了购买土地，我多次跟雨利哥前往路竹乡，在乡公所召集相关地主开说明会；也曾请托当时任省议员的王开运先生（兼一银协理，本籍为路竹乡）协助说服地主，终于顺利购得厂地。后来的建厂工作，则由尊贤及颜岫峰先生主其事。

雨利哥是环泥的最大股东，对于将来的经营者人选，自然有相当大的决定权。他对我可说是绝对信任，所以南纺成立时，他坚持要我当总经理，才肯投资；论纺织，他很内行，但南纺成立后，他完全不插手经营，也不来“看头看尾”。环泥成立后，一时没有马上决定总经理人选，一度还传说雨利哥仍要我出任总经理，其实我是大力推荐尊贤出任。我跟雨利哥说：尊贤是我自己的小弟，我们从小生活、工作在一起，对他认识很深，你和他比较少“做伙”（共事），有所不知，不是我夸自己人，尊贤一向认真负责，正直有能力，商场上的历练也多，前此又有主持坤庆的工厂经验，可说是“没地找”的人才。他虽然个性比较保守，但保守有利有弊，缺点是比较不利大力发展，优点则是稳慎，不会失败；如果让尊贤担任环泥的总经理，我可以作保证人。

环泥成立后，三连叔担任董事长，雨利哥与尊贤任常务董事，雨利哥另外挂了一个“驻会常董”的头衔，另给酬劳，意思是应该不时去公司“看头看尾”；我原先一直担任董事职务，到一九九〇年以后，开始担任常务董事。尊贤从一九六〇年起担任环泥总经理，在三连叔的领导下，将环泥经营得十分成功，至一九七八年四月功成身退，升任副董事长，由原来的副总经理颜岫峰继任总经理，三连叔过世之后，尊贤升任董事长迄今。

环泥的股票是在一九七一年上市的，这也是台南帮各企业中第一家股票上市的公司。上市翌年，雨利哥就把他持有的环泥股票卖了一大半给国泰蔡家。股票上市的好处是变现较为容易，对不求变现的人来说，公司股票上市与否就没有多大差别，统一、南纺、太子建设等公司的股票迟至一九八八年以后才陆续上市。前几年股市热络异常，起伏颇大，我们没有因此发财，台南帮各股票上市公司的大股东从不炒作股票，自环泥上市以来即是如此。我们一向抱持投资的观念，稳健踏实地经营企业是我们对投资大众的责任，也是公司健全发展的不二法门，投机性的股票买卖、短线进出，我们向来是不做的。

太子纤维

太子纤维的全名是“太子纤维工业公司”，成立于一九六七年六月，经营成衣制造（代工）、外销。当时日本工资昂贵，女工雇请不易，日本丸红饭田株式会社来提议合作制造成衣外销，后来日方有四家公司参与投资，分别是丸红饭田、东洋丽绒、敷岛纺绩、大和シヤツ（衬衫），共占一百二十分之五十的股份；台湾方面由我、庄慎私、林庆、邱杏林、侯永都、陈国振、曾文择等人出资，占一百二十分之七十的股份。公司初组时资本额一千五百万元，由我担任董事长，庄慎私任总经理，曾文择为副总经理。一九六九年二月正式开工生产，产品全部外销欧美、日本等地。

庄慎私是台南学甲人，算是北门同乡，不过原先我们并不认识，战争期间因同时在仁德庄农会供职才结识。光复后我重组新和兴布行，庄慎私仍在农会任职，一次见面，大叹他一个月只领几十元薪水，实在难以过活。我说，我屋后有个地方，可以做成衣加工，你来经营好了。民国三十八年新和兴结束，我打算休养身体，成衣加工厂也不再经营，所有的机器设备就送给庄慎私，他运回家里自己继续从事成衣加工。太子纤维成立后，就由庄慎私负责经营，初期成衣业景气甚佳，利润很高，股东获利不少。一九八二年九月，日方资本退出，原有股份由公司股东及重要职员承购，成为纯台湾资本的公司。

一九八一年以后，有几个因素影响公司的经营，一是日资退出后，连带影响订单来源，还有公司内一些职员离职自行设厂，也瓜分了部分订单。二是投资错误，业务经理庄顺雄（庄慎私之子）为了争取欧美配额,坚持到海地设厂,结果血本无归;再者，太子纤维厂房原来设在后甲（慈幼中学对面），为了雇工方便，遂至安平工业区设厂，结果未尽理想，光是这两项投资就亏损数千万元。三是经营者的问题，庄慎私退休后，曾文择继任总经理，跟升任副总经理的庄顺雄意见不合，后来庄顺雄担任总经理，经营管理每下愈况。我们过去的经营原则是采总经理制，完全授权，董事会及董事长实亦难加过问。大概在一九八八年前后，眼看公司实在无法经营了，结算下来，亏损严重，负债远超过资产，每一位董事必须分摊三千六百零九万元，才能解决银行债务，部份董事对后期经营不善导致巨额亏损颇不谅解，不愿全额分摊认赔之款。我做生意的原则是公司可以清理债务结束，不能藉倒闭逃避债务责任，因此所有不足之数只好由我这个董事长代垫认赔，其数额逾亿，我一时也没有这么多现金，只得将位于南纺后面，原购自省农会的数甲土地全数变卖，才得以清偿太子纤维的债务。俗话说“路遥知马力，日久见人心”，经过太子纤维善后事件的处理，我深深觉得，这句话可以改成：“路崎知马力，利害见人心。”

统一企业

统一企业目前是国内的知名企业，将来希望能成为国际知名的企业。《卓越》杂志所作的“台湾地区企业声望调查”，统一连续两年（一九九一年及一九九二年）获得总排名的第一名，对我们来说是很大的鼓励。当年成立统一，实有几分偶然的因素，而发展到今天的规模与成绩，实在也是出乎意料之外。

高清愿是领导统一企业的关键人物，这个大家都晓得。就亲戚关系来说，他母亲与前妻莲樵的母亲是姐妹，因此他与莲樵是表姐弟关系，也就是我的表内弟。清愿小名“文笔”，私下我们唤他“笔仔”。他幼年家贫，父亲早逝，小学毕业后就开始负担家计，生活非常艰苦，战争期间，我曾介绍他去报考冈山机场的修护工，光复后新和兴复业（民国三十五年），不久业务增加，需人手帮忙，“笔仔”赋闲在家，遂找他来台南新和兴，从学徒做起，因此照他自己的讲法，我跟他多了一层师徒关系。

新和兴结束后，他投资“德兴”布行，参与经营，后来离开德兴，跟侯调合作，仍旧做布的批发买卖。他做事勤奋认真，待人诚恳，人缘不错，推销能力很强，因此台南纺织成立后，我请他回来担任业务课长，是总经理、副总经理之下的四个主要干部（总务、业务、财务、工务，共四位课长）之一，后来公司组织调整，他也升任业务经理，一直到一九六七年中离职，前后任职南纺十二年。

清愿之离开南纺，缘于一次董监事会议，有位董事当众指责业务经理有贪污渎职之嫌，引起争论。我说名誉是人的第二生命，没有充分证据，不能信口雌黄，如果业务经理确有贪渎，我做总经理的也有责任。我记得当时会议主席吴三连先生针对此事的最后结语是：有则改之，无则勉之。经过此一风波，清愿决意求去，拟自创事业，另途发展。起先仍考虑经营纺织厂，在桃园龟山找到一家拟转卖的纱厂，以我当董事长，他任总经理为号召，由他出面募集资金，不久就募足股份；参与投资者除了台湾的亲友外，还包括中兴纺织董事长鲍朝橒、香港丽新成衣董事长林柏欣等人。不过因为我始终坚持不能以南纺总经理身分担任另一家纺织公司的董事长，因此清愿接办纺织厂的筹划工作最后只好结束。适巧当时政府解除大宗物资进口的禁令，民间得以新设面粉厂，清愿遂决定改行做面粉与饲料，仍要求我担任新公司的董事长，我一再推辞不成，于是仍由他出面募股筹划，一九六七年七月一日，公司成立，取名“统一企业股份有限公司”，资本额三千二百万元，我担任董事长，清愿任总经理。

统一的厂址选择设在永康乡盐行村，邻近纵贯铁路，符合我对厂址选择的原则：第一，地势高燥，以防水患；第二，邻近铁路，可以敷设分线，将来大宗原料运输较为便利，费用也省：第三，为了方便员工通勤，工厂不宜离台南市区太远。统一的总厂设在永康，总公司也设在厂区内，跟台南纺织的情况一样，这也是我一向的主张，公司跟工厂在一起，方便看顾督导，俗话说："看得着，一斗卡赢（胜过）一石"（闽南语），就是这个道理。

统一要从永康站敷设支线直达厂内，还经过了一番周折。原来台糖公司在永康乡有一座三崁店糖厂，糖厂有一条铁路支线与永康火车站相连接，我们向铁路局申请敷设支线，准了，但与糖厂支线重叠，因此必须请糖厂将其支线往西挪移，统一才能敷设。这里面牵涉到一项棘手的技术问题，依照台糖的规定，若想购买台糖的土地，可以，但条件是你必须拿三甲地来换台糖的一甲地，就是三与一之比，而且，你的三甲地必须是跟台糖的自营农场相连的地。譬如说，统一为敷设铁路支线，经过台糖永康车站附近的土地，于是统一必须先去买好一块与台糖某一笔土地相连的土地，这块土地面积又必须是永康站附近台糖让出土地的三倍面积，才能完成交换。这项规定有它的漏洞，因为台糖的大部份土地都在乡下，地价很低，有些人设法运用关系，或者送一点红包，在乡下买很便宜的地，换台糖靠近市区的土地，莫说三甲换一甲，有时候三十甲换一甲都划算，有人因为钻这个漏洞大发土地财。后来大概是被人指责，致使台糖对交换土地的作法过度谨慎！我们正正当当为了经营企业要求交换土地，反而困难重重。环球水泥大湖厂建厂时就碰到一次，凭董事长吴三连的关系（三连叔当时任省议员），奔走了好久才办妥，现在统一为了敷设铁道，又必须跟台糖打交道。

我们先跟三崁店糖厂交涉，结果是：呈报台糖总公司，总公司开董事会讨论，然后调查、研究，再呈经济部核示，三年之内不知道能不能通过。我想起李国鼎先生勤于政事，而且廉明公正，对于解决问题有绝对的热忱与魄力，因此就将详细情形附加图说，以统一企业董事长的名义修书向李国鼎先生求援。当时李国鼎先生正好担任经济部长，台糖是经济部所管辖的国营事业。李部长接到我的信后，立刻以电话询问台糖公司总经理，再由台糖总公司电令三崁店糖厂厂长，就近勘察统一要求交换土地敷设铁路支线的可行性。三崁店糖厂派来勘察的课长恰好是我的襟兄吴耀德君（仁德乡人），调查之后，并无不实之处，也不刁难，于是循序上报经济部，十天左右，李部长来函表示,经查属实,核准统一的请求。这件事我没有面见李部长，也没有打过一通电话，不过靠着一封信，就圆满解决了一大难题，如此便民，可见李国鼎先生勇于任事与十足的担当，诚心诚意为社会解决问题，若事情都这么好办，经济发展真不可限量。

李国鼎先生对台湾的经济发展可以说无时无刻不用心，除了拟订整体性经济政策外，有时连小节也非常注意。我们还在经营可口时，有一次李先生从欧洲回来，顺便带了几盒饼干给我们,作为开发新产品的参考。其实对食品、饼干我们比他内行，台湾市场对饼干口味的要求与欧洲不同，不过他的一番盛情美意，我们还是非常感动。

统一成立以来，发展可说十分顺利，成长也相当快，不过其间也曾经历过两次财务危机，第一次是一九七八年下半年，由于和信兴公司周转不灵，银行界大为恐慌，对所有经营饲料的公司紧缩放款，统一被累及，亦遭抽紧银根；第二次是一九八五年，因海利事件波及，外商银行抽银根。这两次危机都是受外来因素连带影响，幸亏诸亲好友大力支持与帮忙，终于渡过难关。

清愿在台南帮中属于比较敢开疆拓土的一型，跟他相比，我算是保守多了。统一为了求发展，扩充得相当快，有时负债比例也比较高，这跟清愿比较“冲”的性格有关。李国鼎先生有一次跟尊贤说:“你应该劝劝兄长（指我）,统一负债比例太高，经营手法太激进，保守一点不好吗？”台南帮的企业都采总经理负责的制度，清愿负责统一的成败，虽然重大投资案都要经过董事会讨论通过，不过大抵上尊重清愿的看法，像统一超商、统一面包亏损经年，清愿仍坚持继续经营，终于反败为胜。现在统一的目标是把握国际化、自由化的时机，一方面进军大陆市场，另一方面也向国外发展，购并美国 Wyndhan 饼干公司是一个重要的起步。

一九六七年统一成立时，资本额新台币三千二百万元，主要产品是混合饲料及面粉，后来逐次扩充，沙拉油、肉燥面、米粉、豆粉、麦片、肉鸡等均为永康总厂的产品。一九七三年在台南县新市乡增设新市厂，生产各种果汁罐头，一九七四年起设立企业牧场，繁殖优良品种仔猪，建蛋鸡场、乳品厂，一九七八年于杨梅设蜜豆奶厂，一九七九年在台中阶设饲料厂，一九八〇年在中坜设自动化生产的大型面包厂。统一在总经理高清愿及全体员工的努力下，扩展速度相当快，已非局处台南之食品公司。一九八一年十一月，《企业家》杂志社以统一企业当时年营业额超过七十三亿元，高执食品界牛耳，且多年来均列名“全国”十大民营企业之一，乃推选我为“中华民国第一届企业家奖章”得主，在台北中泰宾馆由当时的“司法院长”黄少谷先生颁奖。我深感荣幸，在颁奖会场上致词时，我特别表示感谢所有关系企业同仁的辛劳，尤其是统一企业全体员工共同努力所获致的辉煌成果，并以“经济作后盾，贸易作先锋，民主及团结为资本，提高国家的国际地位”，作为企业家自勉自励的目标。

一九八九年七月，清愿基于企业传承的考虑，以他年满六十应退休为由，坚辞总经理的职务，公司改聘他担任副董事长，兼统一企业集团总裁，对于推动统一的整体发展，仍继续贡献心力。继任总经理的人选是林苍生。苍生亦台南人，其父母经营家庭式童装制作，早在新和兴时代就跟我们因生意来往认识，统一成立时，林家也参与投资，为大股东之一。苍生自成大毕业后，即来统一任职，从基层做起，历任各项职务，前此已担任执行副总经理多年，甚得清愿赏识与董事会信任；自接任以来，秉持公司原有“诚实苦干”的旧文化，再加上“创新求进”的新精神，以及公司全体上下的一致支持与努力，相信必能使统一企业开创更辉煌的成绩。

到一九九一年止，统一企业资本额已增加为六十四亿三千一百万元，成长了两百倍，年营业额则超过两百亿元。统一企业本身经营项目多达三十项，以食品业为主，百分之百转投资的公司有国际统一企业公司（进口速食面、果汁、罐头等）、汉华美食（中式餐点）、南佳投资公司（主要对大陆进行投资）、统一超商公司（即 7—Eleven 便利商店）、统兴畜产公司（畜牧事业）、统一棒球队、南联国际贸易公司等；投资额在百分之五十以上，或不及百分之五十，但也握有经营权的公司有统泰国际投资公司（投资美国的饼干厂，现已改名统一饼干公司）、世华企业公司（从事国际贸易）、统淇企业（生产冰品）、台湾肯德基公司（速食）、统健实业公司（健康食品）、派来波来公司（广告创作）、统乐开发事业公司（休闲娱乐事业）、捷盟行销公司（配销业务）、统清公司（油脂加工）、统一百事饮料公司（饮料）、统一亚洲企业（移民业务）、统用公司（代理进口咖啡）、高统企业（洋芋片、挤型点心）、统万公司（酱油制造）、统一工业公司（蓄电池制造）、统懋半导体公司（电子零件之制造）、统一地产投资公司（在美国经营房地产）、统一实业公司（马口铁制造）等。

可口企业

统一面粉厂顺利生产之后，每日产能二十二万公斤，当时台湾面粉市场无法完全消化，于是统一计划自设饼干厂，作为统一的下游工厂。经过市场调查，发现日本日清制果株式会社出品的バターココナツ在台湾十分风行，因此与日清制果接洽，希望购买他们的know-how，请他们派员来作技术指导。日清制果表示，台南的郭尚源先生与嘉义某制饼公司正筹组一家饼干公司，已谈妥跟日清制果合作，故未便再与统一技术合作。

数月之后，郭尚源来统一表示：嘉义的那家制饼厂因被日清发现仿制日清的バターココナツ，已被取消合作资格。日清要郭尚源独资，或与统一合资，成立公司制造バターココナツ。

郭尚源本身资力不足，因此来找统一洽商共同出资合作，不过郭尚源大概因为不太了解统一的情形，惟恐合作之后将来被统一吃掉，因此要求统一出资一半（七百五十万元），他自己另外募集一半资金。统一当时成立未久（一九六九年初），尚无多余资金可以转投资，因此放弃投资可口，改由统一、南纺等公司的董监事们以私人名义集资新台币七百五十万元；郭尚源先生邀集亲友，包括台北的蔡先生、何先生，以及他的兄嫂等，也集资七百五十万元，合共一千五百万元，于一九六九年五月一日成立公司，取名“台湾日清制果股份有限公司”，由我担任董事长，聘郭尚源任总经理。

公司向经济部申请设立之后，同时申请进口机械。本来制饼干的机械属自由进口项目，但申请案提出后，久无下文，经济部既不核准，也不批驳，如是拖延了好久。六十九年九月，一次我上台北参加纺织业会议，翌日返回台南的火车上，巧遇当时任财政部长的李国鼎先生，闲谈中提起成立饼干公司，向经济部申请进口机械却无下文的事，李部长闻言甚觉诧异，答应北返后代为查询。后来才知道原来是有饼干同业惟恐我们设立后，打击到他们的产品，遂透过中央党部大员向经济部长孙运璇施压，中伤“台湾日清制果公司”有日资参与（实际上完全没有），要求禁止我们进口制造机械设备，以致我们的申请案始终未能核准。

这样拖延近一年，一九七〇年四月我们将公司改名为“福顺寿企业股份有限公司”，才蒙经济部核准进口机械。一九七一年二月开始兴工建厂，同年六月完工，正巧此时总经理郭尚源不幸因病去世，股东中有人托词公司取名“福顺寿”不吉，遂在七月更名为“可口企业股份有限公司”。

可口成立之初，内定郭尚源为总经理，副总经理由张信雄担任。张信雄是我的四女婿，政大第一届企管硕士，原先在台塑王永庆先生处工作，我特别把他找回来，希望能协助可口的经营。王永庆对信雄辞去台塑工作来可口当副总很不以为然，曾当面说过信雄。我当时的想法是，我们这一边出资一半，董事长已经由我担任，总经理应该让郭尚源他们那边出任，郭尚源过世后，照理信雄以副总经理升任总经理乃理所当然，但是我一念之差，仍决定请另出资半数的股东推荐一位总经理，于是找了郭尚源的侄儿郭营礼接任，信雄仍屈就副总经理。郭营礼有成大毕业的学历，原在家中帮忙照料五金行生意。他担任总经理后不久，就有当年郭尚源邀集的股东董事屡屡前来表示不赞成郭营礼担任总经理，对他的经营管理与作风有诸多批评，希望将其解任，我说没有直接证据，不能随便说开除就开除。不过由此可见，公司部份股东与经营者已有不和之现象。

可口成立初期，主要产品为可口奶滋，销路相当好，利润不少，所以也不断增资，扩大规模，不过增资大部份是台南帮这一半股东们拿钱出来，所以后来出资比例就不是一半一半，而是我们占八成左右。可口生产各式饼干大抵都算成功，成立糖果厂却出现亏损，但还不算严重，一九七七年成立冰淇淋厂，耗资一亿多，但后来却成为公司大亏损的主要部门。过去那些反对郭营礼的股东们以经营不善为由，再度要求撤换总经理，我实在无法抵挡，只好委婉地向郭营礼说："公司现在情形你最清楚，股东们反弹的情绪我已无法安抚，你自己说，以后该怎么办？"他说："修身叔公，你得尽量帮忙啊！"我说："这样好了，你提出辞呈，我挽留你到年底（一九七九年），过完年后由信雄继任总经理，公司改聘你担任常务董事，待遇仍比照总经理。"于一九八〇年一月起，他辞职，信雄继任，当时公司的情况已不太好，可口奶滋虽然赚钱，但抵不过冰淇淋厂亏损带来的致命伤。

信雄学的是行销管理，从商可说是本行，他继任总经理之后，公司营业额有明显增加，“可口”在台湾食品业界有一定的知名度，信雄的贡献不小。信雄从一九八〇年元月到一九八六年四月担任可口总经理，前后六年多，这期间一方面郭家所找来的那半数股东内部不和，吵吵闹闹，另一方面到后期因管理不当，发生倒账及财务课长亏空卷款三千多万等事件，闹得满城风雨。信雄自然责无旁贷，去职以示负责。一九八六年五月，统一派公司的副总经理庄南永带了一个六人小组前去可口整顿，原来是期望挽救公司，继续经营，但郭营礼方面的股东仍不时兴风作浪，公司没有宁日，后来大家商量结果，决定结束经营，组织清算委员会，将公司转售。

本来统一是可以买下可口继续经营的，不过高清愿顾虑到可口过去因股东不和，纠葛丛生，惟恐统一购并之后，麻烦不断，最后决定转卖出去。公司董事会、股东会开会通过结束可口的经营后，即组织清算委员会来处理相关事宜，当时我适巧出国，由高清愿负责处理，他也欠缺经验，一时失察，组织了一个六人委员会，我们这边派三位清算委员，对方股东也派出三位委员，各半数的结果是相持不下。照理说我们这边股本较多，多派一些委员并不为过，或请一位公正人士（会计师或律师皆可）加入，成为奇数，也好表决事情。结果多次开会，对方的三位委员拒绝出席，只要求列席旁听，因此清算委员会的决议都没有过半数通过，但又不能不进行。股东会的决议是出售底价二亿元，高清愿找到南侨化工为买主，以二亿二千万元成交，股东都相当满意。可口出售之后，得款除清偿公司原有负债，还有剩余，全数分配给股东。整体而言，可口前期是赚钱的，股东早期的股本早已数倍收回，后来增资的资金多半是我们这一边的股东拿钱出来，这一部份的股资回收的少，有亏损的是这一部份，但最后清算，仍能拿回一些本钱，不像太子纤维及世代化工，不但本钱赔光，还得拿钱出来偿债。

可口出售之后，旧股东的纠纷仍不断。当初清算之后，余钱已分给旧股东，郭营礼等人也领走了钱，但事后郭家方面却出面控告出售可口不合法，理由是清算委员会的决议没有过半数委员通过，事实上他们的半数委员不肯出席（但会议过程他们在场），本来就无法过半数，但我们是诚心为了解决问题才作出决议。这一部份的告诉已遭法院判决不成立，但他们不服气，仍不断找种种理由一再提告诉，纠扯至今五六年，犹未完了。我们过去合作的事业伙伴下少，像可口这样纠纷不断的股东是第一次碰上，经营事业慎选合作对象，实在是很重要的。

可口结束之后的第二件至今未了的纠纷是逃漏税的问题。我们经营事业，一向本着诚信原则，在合法的范围内，“节税”是合情合理的事，逃漏税则违反我们的作风与原则。当年可口那位卷款亏空的财务课长在东窗事发后，因罪刑确定，她为了报复，向调查站密告可口有逃漏税的嫌疑，调查局调查之后，移送税捐处，说可口漏开发票逃税，应罚款两千六百多万。我们不服，提起诉愿，换句话说，是可口告政府（税捐处）罚款不当。

税捐处根据检举，说可口在一九八二年、一九八三年漏开统一发票，逃避税捐，我们就把那两年全部的发票搬到税捐处，要求核对，总共几十万笔。结果税捐处说，可口这两年每笔交易都有开立发票，没有漏税，但是有两个问题，第一，A 商行向可口购买（进货），马上转送给 B 商行，实际买主是 B 商行，A 商行可能只赚一点运费，依照商场上的交易习惯，可口通常就直接开发票给 B 商行，这是一种权宜措施，并无逃漏税的作用。税捐处说，可口应该先开发票给 A 商行，A 商行再开给 B 商行，可口没有开发票给 A 商行，就是逃漏税，而直接开给 B 商行，则是帮 A 商行逃漏税。我们认为这实在不合理，因为实际的买受人是 B 而不是 A，税捐处如果坚持要罚可口漏开给 A 的发票税款也可以，前提是把我们开给 B 的税款先退还回来，我们再用那些钱补缴应开给 A 而未开的“漏税”，对可口来说并没有什么损失，只是多一层手续，多一道麻烦。为了表明可口并未漏开发票，也未逃漏税款，我们只好向省府提起诉愿，省政府诉愿委员会总算明理，接受我们的申诉，这一部份的问题已经解决。

第二个问题才麻烦。可口开立的发票中，有一些没有载明买受人姓名及地址，或者统一编号有误：税捐处说这些发票未按规定“登载”，也要罚款。税法规定东西卖给营利事业单位，发票上要写买受人，并登载地址及其公司的统一编号，不过有时会碰上买家不愿告知统一编号，或统一编号发生误编的情况，但我们确实没有少开发票，税也是一毛不少。为了争一个绝无逃漏税的“理”，只好跟税捐处打官司，从一九八六年十一月开始，我们一审败诉，上诉高等法院，高院发回更审，就这样来来回回多次，官司已经拖了五六年，还没有定案。

南允纺织

南允从一九七三年成立，到一九八六年卖给南纺，一直由郭超星担任总经理，我担任董事长。郭超星的父亲郭戊戌是高清愿的舅舅，两人是表兄弟，年龄差不多，也都在南纺工作过。郭超星先是担任南纺台北办事处主任，后来继俊升之后担任总务部经理，高清愿离开南纺后，郭超星继任业务经理，后来李国鼎先生借调其赴美考察，也去过巴西。他认为巴西前景看好，便准备移民去那里发展，他把手上握有的各公司股票卖掉，准备全家移民，清愿劝他，至少把统一的股票保留不要卖，所以到现在他还是统一的监察人。他原先准备全家移民，但政府规定至少须留下一个小孩，他有三个孩子，留下任何一个都舍不得，最后看开，取消巴西之行，又留在台湾。但南纺的工作已经辞掉，于是应聘至一家规模不大的纱厂担任副总经理。那家公司不但规模小，而且没有制度，董事长凡事都要过问，他虽然挂名副总，实际权力大概不及一个副理。那家公司会聘用他，主要原因是郭超星对棉花颇内行，曾在美国专门研习过，而且他担任过南纺的业务经理，与棉花供应商相熟，公司想利用这层关系，购买便宜的棉花。实际上棉花商人不会因为个人的因素而贩卖，主要是看纱厂的规模、信用等等，而那家公司偏偏信用不好，常发生买卖纠纷，因此郭超星在那里不但不能发挥所长，而且处境相当艰苦。

一九七二年底，我一次在台北偶然碰到他，才了解他的近况，深觉一个人才在那里糟蹋可惜，于是鼓励他出来创业，郭超星表示资金不足，谈何容易。我说，这样好了，我担任董事长，你出面募股，我们来筹组一家新的纺织厂。那一阵子不知有多少亲戚朋友想找我挂名董事长，组织公司，我都一一拒绝，对于郭君，可说爱才心切，才毅然决定助他一臂之力。

一九七三年二月公司成立，资本额七千五百万元，工厂设在台南县新市乡，原预定一九七四年六月开工，没想到机械设备的购置安装因国外制造厂延误，以致未能如期开工。一九七四年是景气转坏的关键年，南允开始生产便碰上景气大坏，头两年就亏损三千多万元，后来经过几次增资，以及资产重估，到一九八一年时，公司资本额达一亿九千多万元，纺锭三万七千多锭，论规模是中型纱厂。

南允成立之后，纺织业景气一直低迷，公司在郭总经理与全厂员工同心协力之下，惨澹经营；一九八二年至一九八三年，郭超星更是锐意改革，设法节省人力，减少开销，不但降低成本，而且产品品质也有所提升，经营的结果虽然未能获利，但也没有什么大亏损，若能维持下去，应当可以渐入坦途。但由于郭君个性直率，责任感很重，公司经营多年，始终未见好转，董事会上股东难免会有意见，对他来说是很大的压力，眼看许多同行倒的倒，关的关，尤其一九八三年世代经营不善（见后述），不但资本亏尽，股东最后还得拿钱出来偿债，因此郭超星决定在公司尚可经营阶段卖掉（结束），股东们还可以拿回部份资金，不必像世代那样凄惨收场。

一九八五年开始接洽转卖事宜，一九八六年由台南纺织以四千五百多万元的代价顶入，改名台南纺织新市厂。一九八七年起，纺织业景气复苏，因此南允如果多支撑个一两年，情况就会完全改观。

世代化工

一九七一年以前，台湾共有十六家人造纤维制造厂，以生产螺萦纤维及尼龙纤维为主，生产量未达经济规模，一九七一至一九七五年，为人纤业的成长期，一时新成立十二家，世代化工为其中之一。

一九七三年之前，人纤业景气极佳，利润极高，一九七三年春，开始有朋友来商量组织生产尼龙的工厂，起先我以对化学工业外行为由，不表支持，三弟俊杰及表弟庄升如则极力鼓吹，后来决定组织一家日产聚酯纤维（特多龙长纤维，即聚酯丝）十五公吨的工厂，预定资本额大约两亿新台币即已足够。消息传出后，亲戚朋友争相表示参与投资，后来不得不截止认股，但资本额已达三亿一千万元之多，此外尚有不少人未能赶上认股列车的，莫不捶胸顿足，直呼遗憾。

一九七三年四月，公司成立，由我担任董事长，总经理由原来在统一任职的邱东恒担任。在选购厂址时，邱东恒与我意见相左，他看中台南县山上乡的一块土地，地价比较便宜，我则主张在仁德乡的一块土地建厂，理由是：山上乡的土地虽然便宜，但交通较不便利，将来聘雇员工时，恐难罗致优秀人才；而且仁德乡的地点离变电所近，可以节省敷设电力设施（电线杆、电线、施工）的费用，电力品质也比较稳定；用水方面，仁德乡地下水丰富，水质好，可以免装设自来水，节省成本，何况仁德乡的土地当时也不算贵，世代购买二十甲左右的土地，加上填土及围墙费用，每坪仅三百余元。邱总经理最后虽然接受我的意见，或许心中不甚惬意，后来他想荐用一位亲戚来公司当业务经理，这个人原任职于统一的地方营业单位，风评不甚佳，所以我不接受，他说已经答应人家了，我说业务经理是重要的职务，你若坚持，只好提到董事会商量。为此，他以身体不适（糖尿病）为由，七月一日起辞职，公司改聘邱杏林担任总经理。

邱杏林台大经济系毕业，原在环球水泥担任业务经理，他的哥哥邱茂德在统一担任副总经理，邱家当时是统一的大股东。

其父邱锵是个中医师，行医经年，有相当积蓄，之后在高雄买地。邱茂德早先在南纺财务部任职，统一成立时，邱家卖了土地，投资统一，邱茂德也跟高清愿到统一。邱家的机运相当好，先投资土地赚了些钱，这些钱再拿来投资统一，也是赚钱。邱家家境非常好，邱杏林从小没吃过苦，作风比较海派，公司刚成立，还没赚钱，就会花钱，世代的办公室比南纺豪华，公司的开销也大，加上外在环境实在恶劣，因此世代一开始便亏钱。

世代成立之前，化纤（人纤有再生纤维与化学纤维，前者如人造棉、人造丝，后者如尼龙、特多龙等）景气大好，但政府不准新设工厂，一九七三年开放设立，一下子核准十几家，于是供过于求，造成恶性竞争，加上一九七四年能源危机发生，化纤的原料靠石化工业供应，于是原料成本高涨。一方面是原料成本高，另一方面是厂家太多，大厂竞相削价求售，世代从一九七五年底开始生产，即置身全球性不景气及国内同业恶性竞争环境之中。世代的产品虽然优良，但售价一直偏低，虽然不敷成本，而产品库存压力极重，价钱不好也不能不卖，因此一开始经营，就赔的凄惨落魄，为了维持，前后三次增资，资本额超过五亿元。

由于世代始终没有起色，总经理邱杏林自一九八〇年五月起辞职，改聘原任副总经理的蒋福铭继任。蒋福铭是我的大女婿，与邱杏林系台大经济系前后期同学，他原在南纺任职，世代成立后，调去当副总经理。邱杏林离开时，公司可说大势已去，福铭原先不肯接任，我再三劝说，“你不接的话，哪里去找人来接?”福铭接任后,也无法整顿,世代是一家独立性质的公司,不像华隆、新光合纤等公司,虽然也赔钱,但有关系企业可供挹注资金,勉强维持。一九八一年五月,世代化工托词原来的名称笔划不好,改名“世代兴业股份有限公司”,股东及公司组织完全没有改变,化纤的景气依然低迷,到一九八三年,因为亏损太大,负债累累,只好收东,以四亿台币的代价卖给南纺。

世代的失败,一方面是政府政策不当(早先不开放设厂,后来却又核设太多)及碰上景气长期低迷,另一方面也是经营不得其人的结果,前者是时代性的机运不佳,后者则是人为的因素。福铭接手世代时,公司积习已定,难以改革,后来南纺购入世代,改称太子厂(世代工厂所在地旧名太子庙),公司等于完全改组,老板换了人,南纺总经理郑高辉可以锐意整顿,革除过去种种不合理的浪费,并精简人事,总经理蒋福铭及主要干部总辞,只留下部份必要的人员。一九八四年春,南纺正式接手世代的经营,当时全台湾聚酯丝厂停工的停工,歇业的歇业,竞争不像过去那么激烈。一九八五年起长纤丝的景气转旺,当初购入时,世代的日产量是四十公吨聚酯丝,到一九九一年,已扩充为日产一百五十公吨,这两年(一九九一年前后)纺织业不景气,但长纤业不受影响,南纺反而靠太子厂获利。

世代结束时,原先的资本五亿多全数亏尽之外,还负债累累,清算结果,股东(董监事)还得拿钱出来认赔,计每位常务董事须赔一千四百万元,董事赔七百万元,监察人赔四百二十万元。我原先投资了一个常务董事及一个董事(用内人的名义）的名额，后来世代不断赔钱，增资过程中我又多投资了一个常务董事（用长子平治名义）的股份，因此世代结算时，我赔的最多，除了原先投资的金额全数赔尽之外，另外还要再认赔三千五百万元。世代经营失败，对我来说也是相当大的打击，投资事业免不了有赚有赔，但世代参与投资的人太多，虽然大家都是主动要求加入，不是我去力邀才来的，但最后本钱亏尽不说，有的人还得拿钱出来赔偿，真是赔了夫人又折兵，想来令人难过，后来为了清偿世代债务，又发生了一些风波，增加不少困扰。

世代的债务清偿纠纷，让我深深感受到过去台湾的银行“稳赚不赔”的作风，一味赚钱，并无能为企业解决资金问题。当初世代向银行告贷时，照理说世代是借款人，另外再去找保证人，但银行却要求世代借钱时，保证人（统一企业）当发票人，世代反过来作保，这一部份的借款在清偿过程中，引发了世代原股东间的许多纠纷。当世代结束清算后，由于统一不但是世代的保证人，有些世代的债款根本就是由统一当发票人，所以银行要求统一代垫世代的所有欠款，等于是统一先吸收了世代的债务。当初世代向银行借款，由董监事盖章联保，保证书载明公司对外借款时，所有董监事应共同负起清偿责任，并且规定常董、董事、监察人的分摊比例，也就是后来清算结果，常董赔一千四百万、董事七百万、监察人四百二十万的根据。

统一公司既然代垫世代欠银行的债款，接下来自然要向世代的董监事们索偿。有些董监事很干脆地就认赔，有些或者有实际困难，或者不甘投资泡汤，拒绝再拿钱出来，于是统一成了这些不肯认赔的董监事之债权人，只好根据当年连带保证的约定书，向法院提起诉讼求偿。官司一拖经年，世代的董监事人数又多，处理起来不胜其烦。

总结来说，统一代偿世代债务，之后无法完全向世代的董监事要回垫款，即使经由诉讼，取回的或许只有三成、五成，对统一而言，也有相当损失。事情演变到要经由打官司解决，实在是迫不得已。世代经营失败，我个人金钱损失最大，有些人因世代官司而发生不少误解，对我个人名誉影响更大。不过话说回来，投资事业不能保证稳赚不赔，做生意总有赔钱的时候，但一般人的心理将赚钱视为理所当然，十分高兴，赔钱时叫苦连天，甚至交相指责。所以我常说做事业只许成功，不能失败，成功的话，不但赚钱，而且声誉跟着来，对参与投资的亲戚朋友也有交代；不幸失败了，不仅赔钱，连名声也赔进去，还连累亲戚朋友，大伤感情。一九七三年世代与太子建设差不多同时成立，当初看好世代，所以投资的人多，金额也高，想不到却大赔，相反的，太子建设却相当顺利，一直赚钱。做生意就是如此，有赚有赔，有时难以逆料，必须看得开才行。

太子建设

一九七三年众亲友在台南筹组的三家公司中，太子建设是最晚成立的一家，于一九七三年八月召开第一次股东大会，定名为“太子建设开发股份有限公司”，由我担任董事长，聘庄南田为总经理。公司资本额定为一亿五千万元，第一期实收四分之一，即三千七百五十万元后，公司即开始营运，一九七四年至一九七七年间另分三次收齐一亿五千万元的资本金。

南田是我二女婿，台大研究所毕业后到统一工作，太子建设成立后，转来当总经理。南田个性较保守，若以高清愿的标准来看，他是“保守中的保守”。公司成立后，我曾几次向他建议，某某地方的土地可以买，他总是考虑再三，希望买到地价既便宜、地段又好的土地。一九八八年前后，我为了清理太子纤维的债务，将私人所拥有南纺后面中华路旁的土地卖给国产实业，一坪十四万，我事后跟俊杰说，要是卖给太子建设，一坪还卖下到十二万。俊杰说：“十万块一坪他都不见得肯买，十二万根本不要想。”所以说他极端保守，但也可说是谨慎，太子建设近二十年来在他稳健保守经营之下，反而一帆风顺。台南帮企业集团中，太子建设是继环泥、统一、南纺之后，第四家股票上市的公司，近三年来资本额增加较快，至一九九二年止，实收资本额已增至三十九亿四千八百多万元。目前公司营运正常，获利能力不恶，总公司设在台南县永康乡，另有台北、台中、台南、高雄四个分公司。从经营南纺开始，我们就标榜三好一公道，太子建设也不例外，“地点好、设计好、施工好，价钱公道”是太子建设的三好一公道。

南帝化工

南帝化学工业股份有限公司成立于一九七九年一月，主要是因为九叔吴章兴的次子吴文雄要筹组一家化工厂，由我、尊贤、高清愿、吴文雄为发起人，推我当董事长，尊贤任副董事长，吴文雄任总经理，资本额五千万元，工厂设在高雄林园工业区内，生产乳胶、合成橡胶、耐油胶、高级中底、精炼胶等。公司成立之初，由于原先计划生产之产品竞争激烈，加上市场不景气，经营颇为困难，一九七九年到一九八六年间，多次现金增资，资本额达四亿五千万元。我挂名当董事长多年，自觉年事渐高，对石化业又完全外行，领导公司实感力不从心，一九八七年七月公司改组，我特别商请郑高辉担任董事长，我与尊贤改为担任常务董事。一九八八年元月减资一半，八月再度现金增资，资本额成为三亿元，一九八九年以后公司经营情况有所改善，除了仍办现金增资外，公司已有盈余转增资，至一九九一年年底，经由盈余及资本公积转增资，公司资本额已达六亿七千多万元，同时公司股票申请上市，在一九九二年十月底已正式挂牌公开买卖，成为台南帮第六家股票上市的公司。

南帝化工经过漫长十年的艰苦经营，才逐渐脱离困境，这两年业绩颇有可观，除了郑董事长的领导与全体董监事的支持，及公司全体员工努力不懈之外，大环境运势的改变也是重要原因。经营企业委实不易，资金、人为的努力、景气循环的影响，在在左右事业的成败。

万通商业银行

多角化是企业经营的趋势，当年我们从纺织做起，后来投入水泥、食品、化工、营建、石化等行业，虽然也走多角化路线，基本上都在制造业的范围。一九七八年我们的几个关系企业共同组织了统一租赁公司，请潘志甲先生任董事长，纪聪惠任总经理，我和尊贤担任副董事长。我个人并没有投资统一租赁，而是以南纺代表人身分列名董事会，对统一租赁的经营没有直接参与。统一租赁可以算是金融业，不过营业范围小，资本额低，过去经营的情况也一直不太理想，一九八六年高清愿接任董事长，一九八九年底增资改组为“统一投资公司”，租赁业务仍为公司主要经营项目之一。

一九八八年十月前后，政府透露银行将开放给民间申请设立，清愿对筹设新银行的意愿很高，邀集各关系企业，以统一为中心，开始筹划。起先不知道政府会要求多少资本额才能成立银行，就暂定四十到六十亿元，本来只想由各关系企业及公司人员作主体，想不到消息一经传出，亲戚朋友及亲戚朋友的亲戚朋友竞相走告，纷纷前来要求认股，到了一九八九年元月，不到三个月，认股金额竟超过两百亿元。一九八九年春又逢股票大涨，银行股看好，“统一银行”的认股书被人拿来转手炒作，听说面值十元涨成五六十元，甚至出现有人以“吴修 ×”、“高清 ×”为名的假认股书出现，冒充是我和清愿的弟弟。如此一来，为恐有人误会是统一藉机炒作，要捞一笔不义之财，对公司形象伤害太大，因此到了一九八九年五月，清愿正式对外宣布，停止统一银行的筹设计划。事实上当时的所谓“统一银行”，还在透过“认股”来了解可能募集到多少资金的阶段，不但没有成立筹备处，也没有向想参与认股的人收取任何现金，所以宣布停止筹设后，将收集作统计之用的认股书退还各认股人，并没有发生什么纠纷。

一九八九年七月财政部才正式宣布开放民间可以申请设立银行，我们对筹设新银行的机会并未完全放弃，只是鉴于前此统一筹设银行的波折经验，决定谨慎从事，不再过于张扬，嗣后即由尊贤弟主导，以环球水泥为中心，仍邀集各相关的关系企业作主体，进行筹划新银行的申请设立事宜。尊贤办事非常积极认真，几乎每个星期六下午都邀集相关人员会商有关事宜，正式的座谈会和筹备会就开了将近三十次，我因为住在台南，会议在台北召开，无法每次都参加，不过南北信息相通，也了解筹备工作进行的情形。尊贤起先仍说要我出来担任董事长，我说万万不可以，顶多让我当个名誉董事长。筹组一家新银行，从募集资金、寻找行舍、添购各项设备、聘任各级专业经理人、招募新进人员及训练、跟政府交涉等等，事情极烦琐，手续极多，尊贤担任银行筹备委员会的主任委员，备极辛劳，贡献也最大，其他各筹备委员及工作人员也无不尽心竭力，万通商业银行才能在一九九一年十二月三十日开幕，成为十五家新银行中，第一家正式营业的民营银行。

万通银行由尊贤担任董事长，高清愿担任副董事长，承大家好意，推我为名誉董事长，总经理为丁桐源先生。丁总经理原服务于第一银行，跟台南帮没有什么渊源，在筹组万通银行以前，我甚至跟他从未谋面，尊贤与他认识较早，经多方打听，认为是理想人才，本着用人唯才的原则，特别延聘他出任总经理。台南帮各企业基本上都实行总经理制，万通银行也不例外。目前十五家新银行均已开业营运，金融业竞争之激烈不在话下，万通银行本着“守法、诚信、稳健、效率、创新”的经营理念，希望配合政府的财经政策，对社会大众提供便捷的金融服务。

联合服务处

一九七四年三月，在高清愿的提议之下，当时由我担任董事长的几家公司，包括南纺、统一、可口、太子纤维、南允、世代、太子建设，以及三弟俊杰经营的三新纺织，共同组成一个联合服务处（一九八〇年南帝化工也加入），服务处设有主任一人（先后由薛冠雄、李光雄、萧金锟担任），负责办理上述几个企业负责人及高层主管人员（如副总经理）每个月一次的聚会活动，平常也负责各企业之间的联系事宜。服务处不是上述任何一家企业公司组织中的一个部门，因此不是一个正式的单位，不过有简单的组织及少数办事人员，也设有办公室，所需经费由上述几家公司共同分担。起先是每个月聚会一次，多半以聚餐方式为之，各公司总经理、副总经理等参加，是一种内部式的聚会，后来聚会次数逐渐减少，到最后服务处成为替各关系企业作公关的单位，例如安排各企业共同与外界人士聚餐、联谊活动等。目前服务处已不设主任，独立的办公室也撤掉了，仅剩一位职员、一具电话，借用南纺的办公室，从事公关活动的功能仍存在。

当初成立联合服务处，主要原因是觉得大家彼此都很忙，每个月固定聚会一次，一方面联谊，一方面彼此交换经营的心得，或者相互检讨，谋求改进之道。后来聚会虽然渐少，但各企业之间彼此联系并没有脱节，遇有重要问题，大家仍不时相互聚首研究。台南帮各企业由于股权分别由众亲友交互持有，没有一个绝对的决策者，各公司基本上都是独立经营，人事、财务均自主，因此没有办法成立一个总管理处之类的制式机构，不过并不影响大家彼此交换信息，培养荣辱与共的团队精神。

十三、社会公益与文教事业

在我年轻时，一般人尚无“企业的社会责任”这种观念，我们所经营的商行规模尚小，也谈不上是企业，不过行有余力，对一般社会公益性质的活动多少也开始参与。起先限于能力，自然都是零零星星的，尊贤曾说，何不累积多一些，将来做个像样的，我说人生无常，能活到什么时候无法预知，未积累到一定整数就死去的话，岂不遗憾。早年随一般风俗，较常对寺庙乐捐，学甲的慈济宫、台南的开基武庙等，均曾尽力捐助。

老大平治四五岁时，我正值脑神经衰弱，在家静养，通常早上我骑着脚踏车，载着他去法华寺附近双亲墓园祭扫、栽植花木，接着到台南火车站，他从小喜欢火车，一直没机会坐，看到火车进出站，高兴得又蹦又跳，之后往中山公园闲逛。一日，在公园玩时，我有感而发，不经意地对平治说：“将来你得认真读书，长大后靠自己自立，爸爸有生之年赚的钱若有剩余，都打算捐献给社会，帮助需要的人们。”他听后沉默不语。我想，小孩子嘛，听听而已，没什么反应也是正常。隔了几天，再去公园玩时，他突然对我说：“爸爸，你那一天说捐献社会的事，我觉得很好，但是我们自己住的房子是不是可以留着，不要卖？”我笑着说，可以可以，房子不要卖了去捐献，留着自己住。

南纺与统一因为规模较大，公司本身都成立有财团法人组织的公益团体，南纺所组织者称“南纺文教公益基金会”，基金五千万元，统一所成立的称为“统一社会福利基金会”，基金一亿元。统一的员工自己另外组织了“统一员工扶仁社”，是一个公司内部的员工社团，维持一百多万元的经费，从事各项社会济助、恤老扶贫的活动。我个人从年轻时代起，不时就能力所及，对社会救济与捐助活动贡献一点微薄的心力，记忆所及，大约有以下几类。

宗教捐献

第一种是对各地佛道寺庙的捐助，行之有年，此外也曾几次捐印有益世道人心或实用助人之书籍。例如，一九七三年，印江味农著《〈金刚经〉讲义》二千本，分赠寺庙及友人，一九八三年再印三千本，另印《〈六祖坛经〉讲义》三千本、《了凡四训》一万本、《〈菜根谭〉讲话》五千本、《南海普陀山传奇异闻录》六千本等，分赠各界。

先父早年身体孱弱多病，为自行疗治，常购读医药典籍，因此得知清初康熙年间江南名医冯兆张氏著有《冯氏锦囊秘录》医书壹套，深得研究岐黄医理者所重视，可惜无缘得见，我曾遵父嘱，在台湾各地遍访不着。民国三十六年，无意间在上海旧书肆中觅得该书，可说如获至宝。一九七六年初，鉴于该书在台仍系孤本，虽曾借给中医界朋友阅看，毕竟流传不广，为感念先贤立方论证，并广良方济世之微意，遂予以影印重刊两千套，每套书原系二十小册，重印后合订成精装两大册，并将上海购回之原本壹套奉赠予故宫博物院，以免失传，兼供众览。该书重刊后不久，或赠送，或应索，不久即分散完毕，而向隅者仍多，一九七九年底，先父逝世三十周年纪念日，又重刊二千套，仍供不应求，一九八三年底又重刊三千套。

回馈故里

第二种是对故乡学甲及头港的回馈。俗语说饮水思源，头港仔是我们生长的根源，我们兄弟在事业经营稍有余裕之后，对故乡的各项公共建设，如道路的修筑维护、路灯及自来水的装设等等，只要来劝募，我们都尽可能地予以协助。学甲的中洲国小是我和尊贤、俊杰的母校（俊升未毕业，转学台南市），一九七一年，值母校五十周年校庆，我们兄弟四人集资一百万元，捐建礼堂一座，并承学校应允，以“读章堂”命名，聊志对先父克读公及尊贤养父克章公之孝思。一九八一年初，大事整修壹次，仍由我们兄弟四人分摊费用。一九九一年，为母校七十周年校庆，我们兄弟共同斥资二百五十万元，在校园前庭建了一座“励志园”，园内有亭榭、步道、路灯，并广植花卉草木，以美化学校环境。

慎终追远，德厚泽长，乃中国古训，为了纪念光览祖当年迁移来台，绵衍子孙之德泽，一九七四年，九叔父章兴公与我们兄弟及堂兄弟们共同集资筹建“光览祖系吴氏宗嗣”，先将我们的旧有堂屋拆除，原地改建，土地系大家共同认捐（我们兄弟的占大部份），建筑费用另需八百多万元，作为公用的厅堂房舍所需经费约占一半，我跟尊贤、俊杰各摊两份，俊升、九叔父各一份；另一半则由需用房舍的人认捐。宗祠计分三层，三楼正厅供奉历代祖先神位，三楼两侧厢房置图书室、阅览室、会议室、休闲娱乐室等，一、二楼专供捐建者及其子孙返乡祭祖休息之用。一九七五年十月二十五日落成启用，恭请族中长老吴三连先生主持落成典礼暨第一次秋祭，祠内石壁镌有我亲撰的对联两则：

其一

三让帝王称至德
八闽贤嗣永殊芳

其二

光前裕后源流远
览古知今世泽长

一九七六年起，定每年的国历三月廿九日（青年节）及十月廿五日（光复节）为宗族春秋两祭之日，每次与会之族人常达数百人。宗祠设有基金会（财团法人）管理，不过没有什么钱，每次春秋祭祀，招待返乡的宗族亲友午宴，所需费用均系我们兄弟临时摊捐。一九九二年春祭之前，俊杰建议说，何不大家筹捐一些钱，作为基金，就在头港仔买些土地，放租给农民耕种，宗祠收一点租金，作为经常费用，这样就不必每次摊钱。我说头港地瘠民贫，现今业农收入极差，土地放租是收不到租金的。以我在头港仔尚留着的祖产（鱼塭）为例，二甲余的面积，堂弟吴深池要求承租经营，租给别人可得八万租金，他说六万，就六万，后来说不赚钱，减为三万，今年托人来说，放养草鱼，亏蚀累累，三万租金是否可以不要拿，我说租金不拿没关系，只请他将鱼塭附近前妻莲樵的庐墓周边杂草、芦竹割一割，清扫一下，都长得比人高了。

今年（一九九二）初通知光览祖系的族人，说明捐献宗祠基金之事，至春祭举行时，已募集两千余万元，我以自己及孩子、孙子名义认捐五百万元，尊贤及其子女也认捐五百万，俊杰及其儿子捐四百五十万，吴振良家族捐二百七十万，九叔章兴公的两个儿子文雄、文德各捐一百万，其他捐数十、数万元的人不少，很快地就超过两千万元。这一笔宗祠基金，部份拿来购买上市公司的绩优股票，希望生一点股息股利，增加基金的数目，部份拿来存放银行，每年孳生的利息作为春秋二祭及平常雇人看顾打扫宗祠之用。

故乡旧头港有一座镇安宫，供奉李、池、吴三府千岁（王爷），始建于道光年间，为头港仔村民传统信仰之所寄。甲午割台，北门一带抗日义军蜂起，日人迁怒，杀戮焚烧极惨，头港仔镇安宫亦无法幸免，一炬焚毁。台湾光复后，新、旧头港村民共同捐资重建，限于环境，格局沿袭旧陋，至一九八一年，旅外村人倡议就原址鸠工重建，既副崇奉之诚，亦示不忘本源之意。大家公推吴三连先生为筹建委员会主任委员，九叔父章兴公及我们兄弟四人、吴振良、翁川配、翁主舍等为发起人，并劝募本地及旅居外地村人共襄盛举，得款三千余万元，至一九八三年十一月落成，仍请吴三连族长主持仪式，台南县长杨宝发先生剪彩，旅外村民扶老携幼返乡参与典礼者，络绎迤逦，盛况空前。目前镇安宫庙埕两侧菩提成荫，村民亦得精神托庇之所，香火不绝，实堪快慰。

上述光览祖宗祠及镇安宫目前均为财团法人，由我担任董事长。

助修公共设施

第三类是助修台南市区的公共设施。我在十八岁时，一度感染肺炎，并有神经衰弱现象，医生建议说最好的治疗方法是早睡早起，晨间作运动。于是我开始每天清晨前往台南（后改名中山）公园运动，数十年如一日，确是获益良多。一九八〇年，我到台南公园运动已满五十年，想建一座凉亭纪念，商之当时的台南市长苏南成。我说，我们常在公园运动，有时一早出门，天清气明，到公园运动一阵子后，突然来一阵骤雨，又无处可躲，大家都淋成落汤鸡，是否可由我个人出资，捐建一座凉亭，供临时躲雨，或雨天运动之用。苏市长毫不犹豫地说，好啊！我接着提醒他，市长日理万机，不一定知道各种法规细节，公园绿地范围内要兴建有顶覆盖的建筑物，按面积有一定的比例限制，当时中山公园内已盖有图书馆，如果要盖凉亭，不知道会不会超过限制。他说，这个我知道，你只管提出申请，我负责转呈，不必管建设厅批不批准，你尽管去建。苏市长有政务官通权达变的担当，充分支持我的构想。一九八〇年十月二十五日凉亭落成，时值政府提倡“自强年”，我遂请当时的省府主席林洋港先生题字，名为“自强亭”。

自强亭位于台南公园西边，落成后即成为市民清晨练外丹功的场所，利用者众多，渐渐发觉不敷使用。一九八二年光复节，乃再度捐建一座凉亭于公园东面，并请当时的省主席李登辉先生题名，称“早觉亭”，寓早起及早日自觉之义。自强亭及早觉亭中均刻有石碑，述明建亭因缘，兹附录如下。

自强亭记

夫亭有名。古制也。或从众之所乐以名亭。或因心之所善以名亭。或迹人物所至。或据山川名胜之所美。而各逞其意以名焉。稽之载籍。何可胜言。然则斯亭建于台南市中山公园。以“自强”名之者。能无说乎。

台南乃明季故郡。昔延平郡王郑成功开府之地也。予实发轫于斯。民国十七年。初离故乡学甲。习布业于市。越二年。方弱冠。尝骑车跋涉返乡。辛劳过甚。旋罹急性肺炎。既愈。未久复患脑贫血及神经衰弱症。几经投医。皆弗效。逮问诊台南医院内科主任伊势良男氏。嘱以早起早眠。慎调护。于是自此予黎明即起。辄步行至斯园。资为晨间健身之法。入夜八时许必就寝。不数月。果霍然而愈。惑奋之余。乃持续行之。无间风雨。迄今五十年而未辍。顾予古稀将届。而颃健犹甚于弱冠者。盖以此也。

斯园广十数公顷。芳茵夹道。古木参天。有池塘小桥修竹之美。姹紫嫣红。四时不歇。至若朝曦迎人。晓风拂面。徜徉其间。尤令人清新爽朗。心旷神怡。予既游五十年。饮水思源。获益多矣。因于园中献此亭。藉供游人休憩。兼志予与斯园渊源之深。营建前。值台湾省主席林洋港巡视予主持之统一企业公司。且逢自强年。遂拟议以自强为亭名。恭请裁酌。主席林公闻建亭之原委。欣然谓予曰:“往昔游于斯园者众多矣。世之知健身法者亦众多矣。然而其受益能如此者。乃在于有恒耳。易云天行健君子以自强不息。斯亭以自强名之。”于是于亭成之日猥蒙挥毫赐题。倍增光宠。

噫嘻。予何幸而建斯亭。斯亭何幸而得林公题名。然许以斯名以题斯亭者。亦所以勉予之来兹。敢不戒慎惕励而自强哉。是为记。

早觉亭记

早眠早起，有益身心，居于城市人车喧嚣，惟早觉可享清新宁静，心旷神怡之乐。

中山公园，绿意盎然，椰树茂林，草青花香，向为民众活动园地，或散步、慢跑，或作操、练身，蓬勃祥和，充满其间。观乎园之西侧，数年前余献建之“自强亭”，每晨众多市民，连袂接踵，围绕斯亭，习练外丹功。或在亭内遮日避雨、聊天休憩、对弈下棋，昼夜不分，少长咸集，余心雀跃，兴奋之余，继献此“早觉亭”，建于园之东侧，以便利更多游人息足。

余弱冠之年，罹患重疾，几经求医，久无起色，幸得当时台南医院内科部长伊势良男氏之嘱，“早睡早起，勤作运动”。从此，晨至公园活动，亘五十余年未尝间断，今虽年已古稀，而筋骨灵活，身心皆壮，宿疾早已痊愈。吾乡耆硕侯公雨利，早年亦曾患恙，求帖于余，余谓:“大公园！”自此侯公黎明即起，日至公园，持之有恒，今高龄八十有三，健朗如壮年，此均早觉活动之助耳。

修齐久承社会照顾，愿尽所能馈报吾国，再增建此亭，愿登斯亭者，临风笑语，引亢高歌，忘物我之心系，尽和乐之悠游，尤望，人人早觉，人人自强，蔚为风气，民族健康，国力强盛，则幸甚矣。

纪念双亲文教公益基金会

一九七九年农历十月，为先父及先慈逝世三十周年纪念，为追念双亲养育深思，特别捐出新台币一千五百万元，成立奖学基金会（参见本章附录我自己撰写的基金会缘起），一九八九年三月增加基金，改为文教公益基金会，请高清愿担任基金会董事长。一九八九年适值双亲逝世四十周年，我曾发愿，若能活到一九九九年，也就是双亲逝世五十周年之时，将竭尽所能，将个人名下之资产变卖处理，以十亿新台币为目标（若因资产所值变动，凑不到十亿，凑五亿也好，总期有个整数），全数捐给“财团法人吴修齐纪念双亲公益文教基金会”，作为贡献社会国家之用。一九八九年年底，以基金会名义，耗资一千五百万元，在台南公园荷花池中修建念慈桥与念慈亭，为公园添胜景；一九九〇年底捐资三百八十万元，在台南市胜利路修筑“怀恩陆桥”，衔接两端的胜利国小与光华女中，保护学生上下学的安全。当时曾公开表示，愿在有生之年，每年捐建一座人行陆桥，略伸企业人士回馈社会之微忱。

一九九〇年我虽然发愿每年捐建一座人行陆桥，但到了一九九一年想再造陆桥时，就遇到困难。陆桥必定建在车辆与行人争道之处，或建在学校门口附近，才能发挥作用，但人多车多之处，往往是开店铺做生意的好地点，建陆桥必须得到两端出入口处附近商家住户的同意才行，探访了几处有建陆桥需要的地点，都无法同时得到两边住户同意，最后只好打消这个念头。

我创办这个基金会，缘于奉行双亲慈悲为怀之庭训，并藉之略示风木孝思之心情。近年来眼见台湾因工商经济快速发展，社会风气亦急遽变迁，传统孝道及伦理道德每有日下之叹，平常也想到个人能否作一点有益社会软化或改善社会风气的事。在前述陆桥无法兴建之际，便想起也可以将经费移作奖励孝道、倡导优良社会风气之用，经研究结果，遂有一九九一年的“全国大孝奖”活动。

大孝奖系与《中华日报》社共同主办，以“发扬孝道，表扬孝心人士，移风易俗，匡正社会风气”为宗旨，先由媒体广登活动消息与选拔办法，并发函各县市政府、乡镇公所及公私立机关团体、学校，请其具函推荐人选，共得八十八名，经具有公信力的评审委员初选，之后主办单位派员实地访查，作为决选依据。最后选出五位大孝奖得主，分别来自全省各地，每人可获得奖金三十万元，一两半重金牌一面，及当选证书一帧，另择取十一位入围者，获颁一两半重金牌一面及表扬状一帧。

第一届大孝奖颁奖典礼系于一九九一年十二月二十九日，假台南市中山公园念慈亭举行，李登辉“总统”尊翁李金龙先生、“总统府”资政洪寿南先生、诺贝尔经济学奖得主马可维兹教授（适来台南访问）亲临颁奖，使典礼生色不少。今（一九九二）

年三月，特请《中华日报》社将第一届大孝奖得奖人及入围者之孝心孝行事迹，辑印成《孝顺的故事》（供国小学生阅读）、《现代孝心与孝行》（中学生适阅）两书，请文建会主委郭为藩先生、文化复兴运动总会秘书长黄石城先生，分别赐序，由基金会、文复会、《中华日报》社共同印行。基金会并购买近十二万册，分赠全省各公私立图书馆，各县市社会局、教育局，各中、小学等，每处十套，另赠澎湖、金门、马祖等外岛学校师生人手一册。六月，《中华日报》社与基金会共同举办"大孝奖专书读后感征文比赛"，分国中、国小两组，计收到应征文二千余件，经评审后选出前三名及佳作六十名，于八月二十四日在台南《中华日报》社举行颁奖，各颁发奖金及纪念品。第一届大孝奖及相关活动至此告一段落，所有经费由基金会提供，《中华日报》社则提供各项企划，并协助推动，社长詹天性先生出力甚多，个人由衷感谢。

第一届大孝奖颁奖之日，正值寒流来袭，念慈亭位于台南公园荷花池中央，四周空旷，寒风凛冽刺骨，是日光临会场之亲友来宾不下数百人，典礼前后二三小时，与会者莫不饱受风冻之苦，我个人内心实深感不安。近年来我饱尝举办社会公益活动而场地难觅之苦，经此次大孝奖颁奖后，体验尤深。今年初，经与诸同仁及友好研究结果，决定捐资七千万元（以上），在南台工商专科学校兴建一栋新建筑，设计上保留其中一层为会场形式，其余楼层作为该校图书馆之用，今后各项需假室内举行之活动，即借用其地，可免后顾之忧。

力，能够维持吴三连办报精神，将自立报系经营成台湾最大最好最有影响力的报纸，则吴三连的名气更响亮，所受的尊崇也愈高。

去年（一九九一年）底，自立报系为了解决《早报》严重亏损问题，实施了大幅度的改革，不得已裁遣了部份员工，并改版为政治专业性报纸，亏损情况已有改善，今年年中清愿辞去董事长一职，由原来的社长吴丰山接任，股东结构则没有变化。

南台工商专校

一九六四年六月，辛文炳先生担任台南市第四届市长任期届满，原想竞选连任，我劝他不必再辛苦了，市长不好当，作一任可以了，找找别的出路。他起先答应，但是他身边的一些机要人员惟恐市长下台，他们就要跟着失业，因此一直在旁煽风点火，鼓吹他竞选连任，他后来几乎被说动了。我看苗头不对，知道再直接劝他也没用，就转向文炳嫂剖析利害。我说文炳兄再出来，九成会落选，因为他的竞争对手叶廷珪最善于造势，文炳兄恐非其对手。透过文炳嫂，终于使辛文炳打消再选的念头。

辛文炳先生决定不选市长之后，一次在台南铁路餐厅邀集几位朋友聚餐，出席的有我、陈清晓、王趁和西港南宝树脂的黄图等人，席间商议由辛文炳先生出面号召，筹组一所“南台商专”，大家认为商专不必像工专要买许多仪器设备，所需经费较少。当时决议募集十五股，包括辛文炳、陈清晓、陈旗安、张丽堂、南纺各一股，王趁负责找朋友凑五股，黄图负责五股，每股新台币五十万元。

创校资金筹足之后，于一九六五年递出设校申请书，并依照教育部的有关规定，从一九六六年起陆续购置校地、兴建校舍等，但是时间一年一年过去，设校申请却迟不核准。打听之下，原来要送红包才会准，股东之中有人主张照送，只求赶快核准。三连叔担任筹备中学校的董事，坚决反对，他说办教育是为国家培育人才，不是做生意投资，为什么要送红包？辛文炳（内定中的校长）也表示反对。那位股东认为如果坚持不送红包，设校申请永远不会通过，于是要求退股，态度十分坚决；他退出后，另外集资办了一所五专，比我们晚申请，却早核准。第一位股东退出后，筹办经费一下子少了三分之一，辛文炳先生来找我商量，看能否帮他补足，我于是找了尊贤、俊杰、庄升如（表弟）、侯永都，加上我自己，共五股。这时认一股已非先前的五十万，而需上百万了。过后不久，另一位股东也不耐久等,要求退出,一下子又是五股。辛文炳先生又来找我帮忙，于是由南纺增认二股（加上原先一股，共三股），环泥本来没认股，这次一下子认了三股。起初台南帮只认一股，后来与我相关的企业及亲戚却吃下别人退出后留下的十股，共占十一股。

我们样样照规定办理，地也买了，校舍也完工好久了，只差不肯送红包，就是不核准。比我们晚申请的中华医专，系省议员欧云明创办，他申请时没有买好土地，只去找一位在永康乡有块地的朋友，借来土地权状（名义上地主同意提供土地建校），校舍也没盖，就去申请设校，却核准了。竟然有这样的教育主管当局！中华医专后来设在仁德乡崁脚附近，刚成立时，校门与外面公路之间有段距离，当中只有一条可供牛车出入的路，师生进出都必须步行，欧云明设校前也没把校门与公路间的地买下来。中华医专后来转让给杨家宝（在台南开设义忠泰药厂），杨家宝接办后，发现学校交通车开不进校门，师生都得步行一段路，十分不方便，于是有意买下校门口通道两旁的土地，好拓宽路面，方便车辆进出。

打听之下，才知道那些地大部份是我的。当时我们都听过对方名姓，但互不认识。他找了一位土地仲介商陪着来找我，拜托我把校门口附近的地卖给他。我说："家宝兄，我不想卖土地，反而还想多买一点"；他一听我这么说，差一点没昏过去。我赶紧说明，意思是他为了学校师生进出方便，需要开通马路的话，无论多宽，所需土地只要是我私人所有，可以免费赠送；而且不只是我的地，如果我弟弟俊杰的地也在学校马路规划范围之内，也可以免费送给学校。这下子他转悲为喜，高兴的不得了，连声道谢。至于还有部份土地为陈清晓所有，我可以代为说项，至少有五成把握，请他只送不卖。后来清晓兄果然也慨然相赠。结果中华医专校门口出入马路的拓宽用地，不花一分钱，全是我们几位地主赠与。

言归正传，“南台商专”的申请案一拖数年，直到一九六八年前后，李国鼎先生向有关当局大力荐请仿效欧洲各国成例，开放二年制技艺专科学校的设立，培养实务人才，教育部同时示意我们改办工专较易核准，于是我们改以“私立南台工业技艺专科学校”（两年制）为名申请，至一九六九年十一月始获准设校。一九七二年合并了我们另外申请的一所五年制工专，改称“私立南台工业专科学校”，去年（一九九一年）政府政策改变，核准招收两年制商科，学校遂又改称“南台工商专科学校”。

创校之初，由吴三连先生担任董事长，辛文炳先生任校长，我们这些发起人担任董事。二十余年来，我们这些董事只有付出，没有收入，开董事会时连车马费也不领，中午则吃便当。当筹备之初，预估一股五十万元，后来在建校、扩充、发展过程中，各董事不断捐钱，若以成本算，现在的一股“本钱”大概已有几千万。办教育是为国家培育人才，不像作生意精打细算，利润第一，所以学校成立以来，董事会对学校经费的支持可说不遗余力，甚至学校向银行借钱，董事亦以个人名义作保。我记得有一阵子学校一再要求董事会支援经费，有一次三连叔赴美，董事会开会由我代理主持，我在会中表示：“这回勉为其难拿钱出来，下不为例！”三连叔回来后看过会议纪录，责骂我说：“怎么可以说下不为例呢？难道放着学校困难不闻不问？”我说不如此刺激一下，学校当局不会认真开源节流嘛！

三连叔过世之后，董事长由辛文炳先生继任，张信雄担任校长。由于多年来董事会一向秉持真诚的精神办学，学校当局在辛、张两位校长及全校教职员的共同努力下，绩效甚佳，目前全校有学生六千多人，每年教育部督学视导成绩皆为“甲上”（最好的等第），最近一次（一九九〇年）教育部评监中，南台工商专校在全国私立专校中，总成绩名列最优等（即在前三名之内），实堪告慰。

建教合作

南纺成立之初，台湾的工商业尚不发达，每次公司招考女技术员，应征者众多，就职机会全然是求过于供。后来，随着工业快速发展，“民国”五十年代末期，工厂女技术员变成供过于求。我因此多次向有关当局建议，应由政府倡导职业教育，促使家长重视因才施教，不一定所有的孩子都去挤升学的窄门，才不致造成教育的浪费，人力资源也能有效运用。为了有效掌握员工来源，我也一再建议政府应准许具有相当规模的工厂设立学校，使学生有机会以半工半读方式完成学业；或者由现有中学与职校开办特殊班级，供工厂女技术员以在职进修方式，继续学业。南纺也一度筹议申请创立一所职业学校。

一九七二年起，南纺先与省立台南高级商职研究，实施建教合作，几经奔走，终于获得省教育厅的同意，自一九七三年起试办，其方法是：以台南高商附设补校及台南纺织公司合办“员工进修班”名义招生，南纺提供校舍、教室、教学设备，台南高商配合南纺三班制工作时间，指派老师到公司教室授课，一切课程与补校完全相同，三年毕业后经过资格考试，一样取得高职文凭；女技术员就学期间的学杂费完全由公司负担，在公司工作的薪资也分文未减。这种半工半读的建教合作方式，对家境清寒，又有志向学的年轻人来说，是一大帮助，对公司而言，提高员工的教育水准，对产品品质的提升自然也有所助益。从一九七三年到现在，南纺实施建教合作已有二十年，效果相当良好，目前公司台南总厂、仁德总厂、新市厂均设有建教班，过去人数多时，参加建教班的女技术员占所有女技术员的一半以上；近几年女技术员愈来愈难找，加上工厂逐步实施自动化，对人工的需求减少，建教班的人数有递减的趋势。

李国鼎科技发展基金会

李国鼎先生对台湾经济发展的贡献，以及晚近对推动台湾科技发展所付出的心力，大家有目共睹。台南帮几十年来也多次承李先生大力支持与协助，我们心存感恩，常思有所回报。李先生每次帮忙，都是从有利整体经济发展的角度着眼，绝非独厚我们，他也从来不接受任何物质的酬谢。为了感念他几十年来为国为民所作的无私奉献，我们几个主要的企业发起筹募一点经费，成立一个基金会，以李国鼎先生为名，由他来领导运作，作一点有益工业、科技发展的事业。商量结果，由统一（包括其关系企业）出资二千万台币，南纺、环泥各负责一千万，太子建设五百万，坤庆纺织三百万，新和兴海洋及让德投资公司（尊贤弟家族所有）各出一百万，合计五千万，作为“李国鼎科技发展基金会”的成立基金，并请李国鼎先生担任创办人。后来李先生表示，他挂名创办人，不能没有一点捐助，所以要求捐一万元，总共五千零一万元。

我们的构想是，台南帮只负责将这个基金会筹组起来，正式成立之后，就完全交由李先生自行运作，因此基金会的董事长、董事均请李先生自行决定，我们表明不参与基金会成立以后的任何事务。不过李先生坚持要我们至少派一个人去担任董事，所以才由尊贤挂名董事。一九九一年一月二十日，“财团法人李国鼎科技发展基金会”正式宣布成立，董事会设十一名董事，除尊贤外，均系国内科技学术界望重一时之士，李先生并指定清华大学校长刘兆玄先生担任董事长。

一九九一年四月十九日，为了庆贺李先生荣获英国剑桥大学以马内利学院荣誉院士，我与尊贤弟及刘兆玄先生共同具名，邀请少数朋友餐叙聚会，会后并由我代表全体宾客致赠李先生一座刻有“功在国家，誉满中外”的银盾作纪念。李先生获得的国内外荣誉学位与奖章非常多，而以马内利学院荣誉院士的头衔尤其难得，这个学院从十三世纪成立以来，只颁过二十二个荣誉院士，其中二十个颁给英国人，两个是美国人，李国鼎先生是第二十三个，所以特别珍贵。

附录："纪念双亲逝世三十周年创立慈善奖学基金会缘起"

民国六十八年岁次已未十月为先父母逝世三十周年纪念，风木之悲，无时或已，追思养育之恩，久而弥切。余秉承家训，恪遵不忘，昊天罔极，何以为报，谨献新台币壹仟伍佰万元，创立纪念双亲慈善奖学基金会，藉继庭闱之志，聊尽人子之心，恭述先父母行状，尚析有道君子赐鉴焉。

先父克读公，民前二十一年生于台南县学甲庄旧头港仔，行二，先祖父泉公之次男也。少而迁居东埔，即今新头港仔，地处滨海，土含盐质，居民贫苦，既务农，又渔捞，半耕丰渔，方可勉维生计，先父因自号"东湖渔人"。

先祖父泉公，因伯祖父昆仑公有子早夭，乃命先父过继为嗣。先父秉性聪颖，幼尝入塾，后就读日据时代四年制此门公学校，成绩优异，从入学至毕业每届均名列第一。

日据时代，义竹围方面有贼徒，时伙出打劫，头港仔屡遭其害，民前九年小麦收成之际，贼又来犯，先祖父闻讯率众伏击之，擒一逃避不及者予以拘禁，通知其家人备打劫之补偿款来赎，竟置之不理，深感长期糜费粮食之非计，遂放逐之。惟该贼徒受拘禁期间，尝遭村人殴辱，怀恨在心，越年，日本治安当局监于义竹围方面贼徒为害地方至烈，乃加围剿，该贼徒亦被捕法办，因记前恨，竟一口咬定先祖父为同党，致遭嫁祸，蒙冤莫白：不被判死刑，时先父年仅十二，就读小学一年级，闻此不测之祸，悲痛至极，一路涕哭赴校，级任导师问明原委，转告校长，因得校长陪同，谒见北门支厅长，支厅长感其孝心，下令复查，卒确认先祖父系受诬陷，遂予释放。此一孝行，洗刷冤情，保全先祖父性命，堪与汉史缇萦救父之故事相媲美。

先父甫及弱冠，就职于沤汪役场，担任会计职务，负责尽职，工作认真，深受区长吴玉赞先生之器重，被派兼任出纳，职务加重，经常日以继夜工作，致罹眼疾。惟当时医药不发达，尚无所谓眼科医生，先父不得已遍购中医书籍，深加钻研，自开药方医治，虽暂可收效，惜未能根治，多次复发，导致服药大多，蚀伤胃肠，自此健康日损，实难胜任繁剧工作，乃辞去公职。

先父二十余岁时，与友人于台南市本町（即今之民权路）伙营东京堂文具行，惟经营不善，致遭失败，转又返乡，靠打零工兼作农事，勉强糊口。三十五岁时，赴盐水港先叔父所经营之马车店静养，某日往佳里访友之际突患重病，至为危急，蒙宗亲佳里医院吴丙丁医师雇轿抬回，先祖母及先母见状痛哭失声，以为无望，经延医诊治，却奇迹出现，转危为安，但此后数年，屡愈屡发，险象迭起，先父自身亦深以为苦。三十七岁，至台南侯雨利先生之新复兴布行，受聘掌理帐务。三十八岁，因体弱多病，诚恐不久于人世，又忧及儿女日后失怙，生活将陷困境，乃嘱余为其投保邮政终身简易保险，当时保险费为每月一元四角，六个月需八元四角，倘提早一次付清，只需缴七元七角，万一不测，可得保险理赔四百三十元，于是遵嘱择六个月一次付清之方式投保。先父对家庭之责任感与对子女之怜爱，由此可见一斑。三十九岁冬天，先父又因身体不适，辞职返乡养病。翌年春，余年十八，已略谙帐务，遂蒙侯雨利先生之同意，即将新复兴布行帐务交余处理。四十岁时，二弟尊贤年已十五（自幼出嗣三伯父），三弟俊杰年十三（就读公学校五年级），四弟俊升才三岁，大妹素娥十岁（三岁即送侯家为童养媳，及长与侯德义结婚），二妹金枣七岁。是年春，先父复至台南旅游，住宿侯雨利先生家，夜半，突唤醒余，凄然作身后遗言：尝谓其头内骤然生病，将不久于世，死后丧葬务必从简，三弟俊杰将升读六年级，如属可能，应让其完成小学教育，否则，就此辍学，充当牧童或学徒习艺，四弟俊升尚在稚龄，将来如无力供其读书，稍长亦可充当牧童，二妹金枣幼小，能力所及，可养则养，否则，亦如大妹送人为童养媳。如此悲惨遗言，虽未成真，至今记忆犹新，恍如昨日事，终身未敢忘怀。先父之病嗣经黄金火医师诊治，断为中耳炎出脓，服药多次幸获痊愈。是年，余已十八，为求改善家境，曾建言先父设法贷款五佰元，供余返学甲故乡开张布店，经营布匹小卖；此议一直未蒙俯允，为达愿望，连续三年力作建议，民国二十一年岁暮，余借着一首诗又禀陈此意，诗曰：“不觉一年又一年，日月如梭射眼前，自愧才疏不堪展，虚度光阴二十年”，先父覆诗曰：“爆竹声中迎酉年，桃符万户更新鲜，男儿当抱前途志，大器晚成自古然”，暗示余尚年轻，为远大前途计，应按部就班，乃能期于有成。民国二十三年，先父四十四岁，余已二十二，余家与亲族及亲戚合创新和兴布行，推先父为代表人。始创时，先父亦曾参与帐务管理事宜，惟经两年，先父因身体日渐孱弱，可谓带病延年，无法胜任工作，乃易余为代表人，先父从此退居顾问性质之工作，偶尔参与计议，甚少直接干预实务。迨民国三十一年，适值战时，一切物质实施管制，布匹类物品亦受波及，新和兴布行因而被台湾纤维统制会社指定为代行店。先父因宿疾时发，深深体验病痛折磨之苦，常以“强能去弱”告诫余兄弟，务必时时注意，保持身体强健，自然百病祛除，所见颇合现代医学上所谓“预防胜于治疗”之理。

先父一生待人仁厚，常曰：“得饶人处且饶人”，并以“责人之心责已，恕已之心恕人”为座右铭，又曰“强自责则怨远矣”，诚为仁恕哲学之实践者。严以律已，自奉节俭，以为“大富由天，小富由勤俭”，反对奢靡浪费，主张爱惜福份，一切享受应适可而止，常曰：“勿图过份享福，福罄寿则尽”。生性悲天悯人，颇具菩萨心肠，虽家道贫困，惟对社会公益慈善事业向不后人，常曰：“济人须济急时无，渴时一滴如甘露，醉后添杯不如无”。尤体恤劳力者，故亦常曰：“与肩挑贸易莫占便宜”及“有蚀本财主无蚀本轿夫”等语，深信“有多少度量，就有多少福运，量大福自大”，故赈贫济困，无不量力而为。

先父见识广博，智慧异人，对世人存在已久而不自觉之错误观念每能一语道破，常以“憨不讲，讲衰”（衰即霉运也）之谐语，来对凡事因自身憨愚笨拙，欠缺考虑而遭到挫折失误，总归咎运气不佳之世人，加以纠正。

先父夙怀大志，奈体弱多病，心余力绌，无法施展。一生安份守己，恒谓“孔明一生唯谨慎”“好景不常”“得意不宜再往”。

先父中日文学养俱佳，亦工书法；以为“为人子不可不学医，为人子不可不学相”，故对中医书籍研读甚多，而且深入，尤对余自上海携回之冯氏锦囊秘录最为喜爱，饱读无遗，因此对眼疾及妇产科之研究相当独到，以此遂于晚年义务施医，每能活人，仁泽广被。复由于潜心研读中医书籍而领悟出不少心得，自曰：“医者意也，医者理也”、“尽信书不如无书”，意谓医术乃大学问、大道理，得多加领悟判断，方可融会贯通，切勿尽信书本；对伤寒之治疗认为只需静养，即使不服药亦会自然痊愈，因曰：“伤寒无药得中医”；对食理亦有其精辟之见解，尝谕余曰：“凡物不可过食，亦不可不食，取其适量食用之，则毒药亦可治病，过量食用之，则补药亦会伤人”，此正合乎今日医学上所谓“不可偏食”之营养学理。抚今追昔，令人不能不钦服先父之卓识也。

先父于潜心研究中医学理之外，亦曾苦读圣贤之书，颇受儒家思想及我国传统道德之熏陶，极为重视孝道，侍奉父母如天地，经常强调“仁义礼智信”五常之重要性，并时刻告诫余兄弟，做人处世不得逾越五常之原则：对处世交友之道尝曰：

"择友三交，友直，友谅，友多闻"，谕示余兄弟，多结交正直、度量大、见识广之友人，以资惜镜，惕励自身，增广见闻，如此方能有所获益，否则，与小人终日聚集，言不及义，倒不如君子吵架，反而能从中觉悟自身之非，知晓改正向上之道，故亦常曰："宁与贤人吵架，不与愚民谈话"。至今，余等后辈或稍有逾越之处，然均能恪遵先父之训诫，时刻弥自惕励。

先母陈太夫人讳勤，民前十九年生于学甲庄县内仔，系先外祖父陈柱公之唯一掌珠，幼年失怙，与先外祖母相依为命，家境贫寒，以编织草席维持生计，凭媒撮合，十八岁来归先父。

先母淑静贤慧，每遇先祖父母或先父微恙，均亲侍汤药，照顾备至，任劳任怨，从无懈怠，相夫教子，勤俭持家，为人恭敬谦让，严以律己，宽以待人，敦亲睦邻，与人毫不争执，乡里间有口皆碑，赞扬有加。

先母对子女教育问题向来非常重视，以余幼年境况与时代背景，得进入公学校接受小学教育，确实难能可贵。先母对子女喜爱殷切，慈祥和蔼；遇余等兄弟患病，每焦急万分，不分昼夜，躬亲照料；遇余等兄弟犯错，从不过份指责，率常循循善诱，以身教代替言教，伟大母爱之发挥，余至今未见堪与伦比者。

先母晚年养成日日早起，参拜开基武庙之习惯，民国三十三年冬，乃是二次世界大战期中，先母返回乡下暂避烽火，惟仍不忘参拜，嘱余日日代为行之。自奉命之日始，余未敢违背慈命，每日必早起代为参拜开基武庙关圣帝君，风雨无阻，未曾间断与懈怠，直至民国四十四年台南纺织公司开始创办时，实因身负重任，公务繁忙，欲公私兼善，殊为不易，恐有负职责，不得已改逢每月朔望参拜。就此事余犹记得先父母在世时，曾于报安信中赋诗：“朝参武庙拜圣神，举香低首表诚真，只求白发椿萱茂，高冠巨富让他人”，先父曾以“虔心清晓拜圣神，足见儿曹孝道真，但愿荆花常并茂，争名逐利让他人”为覆诗。

先母一生刻苦耐劳，终身忙碌；由于操劳过度，积劳成疾，老年与先父皆健康欠佳，体弱不堪，不幸于民国三十八年农历十月十八日病逝，享年五十有七。余兄弟正抱失恃之痛，讵料先父悲伤逾恒，亦于同月二十八日与世长辞，享年五十有九。哀哉！天胡不憨，仅隔旬日，怙恃俱失，人世之怆恸，宁有逾于此者耶，为人子者，椎心泣血，曷其有极。时友人白景贤尝挽一联曰：“痛椿萱才隔经旬携手九天同赴召，使亲友不堪回首伤心何处得招魂”，允为当时最沉痛最凄怆之写照。为报答反哺之恩于万一，自安葬之日始，每日清晨五时余，余必亲至双亲之墓园从事整理清扫、栽花、植木、除草及下墓前之小溪提水洒花木，无分巨细，必躬行其事，亦直至民国四十四年台南纺织公司创办时，始改逢周日行之；由于墓园地势较高，水分保持不良，每周仅浇水一次，时隔大久，土壤不过三、两日复又干燥，致墓园花草相继枯萎，乃改以每周至墓前清扫及献花。慎终追远，于孝未能顾虑周全，每思及此，深以为疚。

先父及先母修身养性，均以佛理为依归，一生虔信佛教，因之，余除拨款新台币壹仟伍佰万元作为慈善奖学基金之外，另斥资付印江味农著金刚经讲义精装本参仟册、了凡四训白话解释、南海普陀山传奇异闻录、金刚般若波罗密经句解易知、佛说观无量寿经、龙舒净土文等籍各陆仟册及佛教的精神与特色壹万册，合计肆万参仟册，分赠社会各界人士，以志永怀，区区之数，未敢侈言于弘扬佛法、净化社会人心有所助益，惟若因此得收抛砖引玉之效，藉以告慰先父先母在天之灵，则感幸甚矣。

十四、退休与养生

一九七五年元月，我辞卸南纺总经理的职务，可以算是正式退休，不过多年来仍担任多家公司的董事长、副董事长、常务董事等职务，公司开董监事会时固然要出席，几家自己担任董事长的公司平常多少也要看顾一下，所以严格讲只能说是半退休。

退休后两年多，即一九七七年八月，我才有机会安排生平第一次纯粹出国旅游，前往美、加及日本各地名胜游览。当时出国是一件大事，尤其我算是第一次出国，劳动三连叔、亲家翁洪寿南先生夫妇、尊贤弟夫妇等亲友二十多人前来松山机场送行。一九八二年七月参加欧洲旅行团，前后三十五天。近几年国人旅游度假风气极盛，我每年夏天大概都会安排一次美国之行，顺道经日本，主要是去探视儿孙。我有四个儿子及一个女儿在美国，一个女儿在日本，每年年底我过生日前后孩子们多半会回台湾团聚一次，夏天则是我出国探视他们，在国内的女儿、女婿平常聚会的机会很多。

持之以恒的运动

早睡早起，晨间运动是我自十八岁起就养成的习惯，起先只是动动手脚，活络筋骨，一九五八年七月起，开始拜师打太极拳。当时南纺开工不久，我邀集了三十位亲友、同事，约定每天早上六点到七点，在中山公园集合练拳，第一天全部到齐，有的人甚至四五点就到，大家异口同声赞美早起空气新鲜，神清气爽，公园风光更好。第二天，只来了二十几人，第三天又少了几个没来，半年后只剩下我、俊杰、侯永都、高清愿四个人，一年后只有我跟永都还坚持不懈，两年后变成只有我每天按时前往。当初请一位张姓老师前来指导，每人每月学费三十元，三十人共九百元，后来人数逐渐减少，最后老师也不来现场指导了，不过我每个月仍差人将全数学费奉上，其后币值日贬，我自动调整束脩，记得后来每个月有五千元之谱，仍按月送府，行之二十余年，至张老师去世为止。

做事持之以恒是我的习惯。先严与先慈过世后，我因病休养，每日早上必定前去法华寺旁的墓园清扫、栽植花木，持续六年不间断，直到南纺成立，因事忙改为每星期日清晨上坟献花。后来法华寺附近日渐繁荣，作为庐墓之所已不适合，遂迁回故乡新头港祖塔（纳骨塔），我现在每星期日早上的功课是驱车回故乡，先回新头港宗祠看一看，然后去旧头港镇安宫上香，之后绕去祖塔祭拜父母，到前妻莲樵墓献花，在学甲吃午饭后回台南。祖塔是光复前已建，建在祖遗的一块土地上，位在新头港东面的草湖山。草湖山一带以前盐分太重，不适耕作，长满林投树，日本据台后，清丈土地，有一大片地没人要，就登记为学甲慈济宫所有，我们通常说那一片地的业主是大道公（保生大帝）。后来我们为了翻修祖塔，向大道公买了一些地，自成一个范围，修筑成墓园，除建纳骨塔外，还建了一座凉亭。附近本来很荒凉，大概随着台南帮的事业逐渐发展，开始有人说草湖山风水特别好，迷信的人纷纷前来买地迁葬，现在土地是论坪计价，比附近的农地还贵几倍，真是始料所不及。

一九七八年前后，我曾打过一阵子高尔夫球，前后大概不到一年，就因受伤而停止。我常说发明高尔夫球的人真是功德无量，不知救了多少人。大家都知道运动有益健康，但是能持之以恒的很少，打高尔夫的好处是人多人少都可以，自己一个人也可以打，场地辽阔，可以舒散身心，计算成绩（杆数）的方法使每个人都想自我挑战，不断进步，打出兴味后，就会持续去打，运动的目的就达到了。尊贤与俊杰都患有糖尿病，两个人都因为打高尔夫球，才能维持身体健康，否则不知少做多少事业。

我打高尔夫球受伤是在一九七九年一月十六日下午三点十五分，地点是台南的新化球场。那次受伤，想来是劫数难逃。我一开始打球，就能打很远，但不准，在球场打的话，一杆挥出去之后，要走一段路才能再打第二杆，击球次数少，缺乏练习，准头永远不够。如果是在练习场，我可以一球接着一球打，多一点练习机会，所以我比较喜欢在练习场打；可是我太太却觉得在球场打比较有意思，可以边打边看风景，光待在练习场练挥杆很乏味。而且我通常在早上上班前打一次，回家梳洗一下之后到公司，下午有空又去打，太太说这样一天打两次她无法消受，有时就不陪我去。我受伤那天下午她恰好“请假”，说她太累了不去，我于是一个人单独前往。如果她那天下午跟着去，我可能就不会受伤了！因为她没去，我在练习场就多练了一会儿，因此耽误出发时间，等我抵达起点时，已有四个人先到。杆弟告诉我，那些人是下注赌输赢的，赌注很大，所以每一杆都会很谨慎地打，很花时间，如果我排在他们后面，一定会拖延很久，不如前几洞跳过不打，直接往前走，就不会被耽误了。我说好呀！

我事后想一想，如果那天下午我太太陪了去，我在练习场练习的时间就会比较短，早点到球场，就可以早那四个人出发。偏偏我多练了几球，正好排在那些人后面，如果我脸皮厚一点，可以要求让我先开打，或者只要我走近他们，那几个都是年轻人，自知打的慢，让我一个老人在旁边等也会不好意思，他们说不定会让我先打，这个劫数也就不会发生。我听杆弟的话，绕道往前走几洞再开始打，他们看见我，还很热情地跟我打招呼，如果当时我站定了再回头答礼，也不会跌倒，我是边走边回头，那又是个下坡，我没注意到前面有个老鼠洞，右脚踩空，膝盖就扭伤了。受伤之后我马上到民族路一家国术馆医治，师父说只是轻微的肌肉分离，没什么大碍，敷几帖膏药就好了。

过两天适逢环泥和坤庆要开会，我打电话告诉尊贤，表示脚伤请假，他说现在高速公路已经通车，不用像以前得搭火车，出入月台都要爬天桥，现在坐自己的车，一路就到台北，旅馆也会先安排好，方便多了，何必要请假。于是勉为其难，仍旧北上，座车到西螺休息站稍事休息，我下车来走一走，拉一把椅子坐坐，没想到那张椅子还没固定，一个不稳，整个人滑倒，本来只是小伤，这一滑，膝盖的筋大概都断掉了！

受伤后，南部地区警务司令刘舜元夫妇来看我，他们问我几岁了，一九七九年我虚岁六十七，实岁才六十六，他们就说自己故乡每个人都知道："六十六，不死也丢肉。"他说我前一年过六十六岁生日时，如果儿女有准备猪脚之类的寿礼，应该割下一块肉丢到墙外给别人家的狗吃，就是因为没有这么做，才逃不过这个大劫。

脚伤之后，几经治疗，医生多诊断为右脚膝筋断裂一条，并有骨刺压迫神经现象，除服药外，需作复健，过了几个月，并无显著效果。一九七九年五月，在当时的省议员黄国展先生劝说下，我开始学外丹功。所谓外丹功，即由鼻孔吸入氧气，经心系合心火注入脐下的"气海"（下丹田），再下深引发"关元穴"，化生为"先天气"，引燃先天气激荡全身血液，促其畅通运转，可以舒筋活骨，避免身体器官、组织老化，自然祛除百病。

是时我除了骨刺压迫神经及膝筋断裂造成的不适外，尚有患了多年的失眠症，往往需靠镇静剂才能入睡。开始练外丹功后数个月，包括失眠症均有起色，确有不药而愈的作用。从练外丹功以后，我原先每天练太极拳的习惯并未停止，后来听从外丹功老师的建议，专心致一，自一九八二年八月起停止已经持续练了二十四年余的太极拳。

外丹功练到一九九一年初，因坐骨神经痛发生，两脚无力久站，不得不停止。为了治疗这个病，几乎看过海内外名医，最后是香港的张主寿医师开的药方最有效，价钱也便宜，可谓经济实惠，近一年来已几近痊愈，现在每天的运动是步行，一天早、午、晚三次，每次走三十分钟，对老年人来说，走路是最好的运动。

公会与社团活动

我从年轻时代做生意起，就不太喜欢交际应酬，也不爱出名，所以各种同业公会尽量少参加，或者只挂名担任理事、常务理事之类，负责南纺时，棉纺公会一再要我当理事长，我始终拒绝。不愿当理事长，实在是没时间当，也不知道该怎么当。扶轮社、狮子会等社团，也一直有人力邀我加入，我也一概谢绝。主要原因是没时间，加上我的习惯是晚上八点就寝，社团的聚会通常七八点才开始，我无法适应。

一九七五年台南市工业会成立，当时国民党台南市党部主任委员王述亲与我互不认识，请洪寿南先生来找我，说有许多人争取市工业会理事长的位子，无法摆平，只有请我出任，大家才没话说。我实在没兴趣，王主委只好要我力劝郑高辉出来担任，郑高辉当了一届就想辞卸，辞不掉，又当了一届，共六年。郑高辉是国民党党员，我则未曾入党，有一年李国鼎先生曾劝我入党，王永庆、辜振甫都是在那时入党的，我说自己对政治没兴趣，做个党友就可以了，反正不会做对国民党不利的事，而且不入国民党，立场比较公正、超然，说不定还可以帮国民党说一些公道话呢！

后　记

两年前，我开始研究“台南帮”，为了搜集资料，首先往访高清愿先生，承其推介，进而访问吴修齐、吴尊贤两先生，经过几次晤谈，深觉有必要深入访问台南帮的几位大老级人物，以及部份重要核心干部，并视访问稿积累程度，选择列入本所口述历史丛书出版。此后得到本所口述史组的协助，调派蔡淑瑄小姐随行作纪录，并初步整理访问稿；去年七月起，得国科会支助，在口述访问的基础上，同时进行“台南帮企业集团的形成与发展”专题研究计划，约请陈南之小姐担任助理，也帮忙做一些访问纪录的整理工作。这一册访问纪录，是这两年来工作成果的一部份，也是台南帮研究的副产品之一。

第一代领导人物中，吴三连最长，侯雨利次之，吴修齐、吴尊贤昆又次之；吴三连、侯雨利已于一九八八及一九八九年先后谢世，吴三连犹留有口述回忆录（已由吴丰山先生整理出版），侯雨利则生前死后均未留只字片语。吴三连回忆录中，语涉台南帮工商活动之篇幅不多，故欲了解台南帮的形成与发展，吴氏昆仲允为最理想之见证人。前此吴氏昆仲各撰有回忆录（即“七十回忆”与“人生七十”），对台南帮从发轫、成长到茁壮的历程，有所描绘，不过这两年，吴氏昆仲仍不时个别接受我的拜访与晤谈，各不下二十次，每次两小时左右，因此累积了相当份量的访问稿，吴尊贤先生的部份目前仍在整理中，吴修齐先生的部份则已呈现读者眼前。

本书与吴修齐先生十年前所撰“七十回忆”，部份内容稍见重复，大部份则仍有差异，尤其是偏重有所不同，读者若能将两书合并阅看，收获自然更多。今年年底适逢吴修齐先生八十寿辰，这一册访问纪录也正好整毕付梓，或可作为先生八十大寿的一项纪念。

修齐先生虽已八十高龄，而耳聪目明、身强体健不减当年，待人热心诚恳，行事忠厚笃实，十足长者风范。本访问纪录得以完稿，首先当感谢先生两年来不厌其烦地拨冗接受访谈，台南纺织公司的苏主任秘书荣焜先生、杨经理尚武先生、陈秘书宏田先生，不时协助安排访问事宜与提供必要的资料，环球水泥的颜副董事长岫峰先生、李副总经理国栋先生，统一企业的石主任秘书瑞云先生、朱经理光男先生、柯襄理元达先生以及李课长鸿彬兄，也都曾提供不少帮助，谨此表示最大的谢意。

访问稿的整理多赖蔡淑瑄与陈南之两位小姐协助，初稿完成后，得本所许雪姬小姐与许文堂先生详细审阅，匡正极多，付梓前得陶英惠先生校读一过，改正一些错误，均当致谢。本书初稿输入电脑及一再改稿，均由陈南之小姐为之，电脑排版的工作，亦由陈小姐独力负责，费心费力最多，个人衷心铭感。

本所同仁使用个人电脑处理文书资料已有多年，本书则是利用个人电脑自力完成排版出书的第一本，特附笔于此，以为纪念。

谢国兴　谨志

一九九二年十二月